존리의 부자학교

부자를 꿈꾸는 이들과 함께한
존리의 첫번째 금융교육서

존리의
부자학교

존리와 〈부자학교〉 참여자 지음

메디치

차례

2장
부자란 무엇인가

3장
나부터 부자가 되는 부자국가

지금 한국인에게 필요한 주식과 금융에 대한 현장 투자 지침을 담은 책

'존리'라는 이름으로 십 수권의 단행본을 세상에 내놓으면서 기회가 된다면 한 권쯤은 혼자만의 주식 투자서가 아닌, 주식 투자에 입문하고 싶은 사람들과 '한국의 금융문맹'과 주식 투자의 외로운 길을 하나하나 미주알고주알 참견하고 따뜻하게 훈수 두는 여럿이 함께 나누는 주식 대담집을 엮어보고 싶었다. 메디치미디어에서 여러 사람과 함께 독서하며 주식과 금융에 대한 다양한 관점을 펼치는 기획을 제안받았을 때 성큼 다가설 수 있었던 것은 함께하는 참가자들의 면면에서 내 오랜 바람을 실현해 볼 수 있겠다는 가능성을 발견하면서였다.

함께한 분들의 면모는 50대 전직 대학교수부터 40대 여성 기업인, 30대 학교 선생님과 MZ세대 패션몰 대표에 이르기까지 다채로운 커리어가 돋보이는 대한민국 평균 주식 투자자들이었다.

나는 이들과 함께 한국의 금융문맹 현실부터 도박에 가까운 주식 투자 현장, 행복한 부자 되기에 이르는 다양한 이야기들을 가감 없이 나누고 비판하며 현장에서 느꼈을 법한 생생한 주식개미들의 속사정을 들어보고 조언하고 싶었다. 그러면서 '돈'에 대한 올바른 가치를 제시해 보고 싶었다.

2022년 6월, 뜻하지 않은 상황을 맞닥뜨리며 메리츠자산운용을 떠나면서도 나는 '존리 라이프스타일 주식'(유튜브)과 '존리의 부자학교'(캠프)를 운영하며 금융 교육을 중단하지 않고 지속해 왔다. 이는 오로지 전 국민의 금융문맹 탈출을 위해 온오프라인 방송을 비롯해 전국을 돌아다니며 한국 금융 개혁의 새로운 역사를 쓰기 위한 내 나름의 고투의 시간이었다.

우리는 인구 오천만의 자원 빈곤 국가임에도 불구하고 전 세계가 부러워할 정도로 많은 분야에서 훌륭한 제조업들을 가지고 있다. 원자력 기술, 자동차, 반도체, 조선, 철강, 화학 등 등 나열하기도 힘들 정도다. 앞으로는 제조업과 K-문화, 음악, 음식뿐만 아니라 한국 국민들의 생활 수준도 전 세계에서 부러움을 사는 나라가 되길 진심으로 바란다.

대한민국은 이처럼 전 세계가 인정할 만큼 괄목할 만한 성장을 했지만 고칠 점이 많은 교육제도와 금융에 대한 인식 부족이 국가 경쟁력에 발목을 잡고 있다. 이 두 가지 문제를 개선해야 다음 세대인 우리 아이들을 행복한 부자로 만들 수 있다.

'교육제도'가 바뀌면 한국 사회의 가장 큰 문제인 '저출산'과 '노인 빈곤'을 해결할 수 있다. 시험점수와 좋은 대학 입학을 위해 경쟁하다 보니 사교육시장은 거대해지고, 수입보다 교육에 더 큰 지출을 하게 된다. 그러다 보니 자녀를 낳는 것이 부담이 되어 저출산 문제가 심각해지는 것이며, 자녀의 교육에 거액을 쏟다 보니 노후 준비가 안 되어 빈곤 문제가 심화되는 악순환만이 끊임없이 반복되는 것이다.

지금 우리에게 필요한 마인드는 모든 것을 '비교'해 자신을 남보다 불행하게 여기는 태도로부터 벗어나는 것이다. 한국인은 어렸을 때부터 대학생이 될 때까지 한 번도 돈 버는 방법을 제대로 배운 적이 없는 심각한 금융문맹 상태에 놓여 있다. 지금이라도 한국인이 꼭 배워야 할 교육은 '남이 나를 어떻게 볼까'를 깨뜨려 스스로 잘살 수 있는 방법을 터득하는 금융 교육이 되어야 한다.

우리가 건강한 자본주의 사회에서 행복하고 독립적인 공동체로 자녀를 성장시키기 위해서는 '돈'에 대한 올바른 가치를 가르쳐야 한다. 이를 위한 금융 교육으로써 자본주의 사회에서 살아가는 사람들이 돈으로부터 독립되어 주체적으로 살아갈 수 있는 체계적인 금융 교육이 필요한 것이다.

금융에 대한 이해도가 높은 나라치고 국가경쟁력이 약한 나라는 없다. 세계 인구의 0.2퍼센트에 불과한 유대민족은 금융업이라는 강력한 경쟁력을 통해 전 세계 자산의 20퍼센트를 차지하고 있으며, 16세기 네덜란드가 강대국이 되었던 것도 금융업이 발달했기 때문이다. 영국이나 미국이 여전히 경제대국인 이유 역시 금융이라는 무기를 갖고 있어서이다. 우리나라도 금융업이 한 단계 도약한다면, 더 강력한 나라가 될 수 있다.

또한 금융업의 성장을 위해 하루 빨리 금융인재를 육성할 수 있는 방안을 마련해야 한다. 앞으로 새로운 국가의 부가 금융을 통해 창출되어야 하는데, 그러기 위해서는 수많은 젊은이들이 금융산업을 선도해야 한다. 젊은이들이 자산운용사를 대도시뿐만 아니라 지방에서도 쉽게 설립할 수 있는 자유로운 분위기가 만들어져야 한다. 또한 여성들이 자산운용사 설립을 담대하고 적극적으로 설계하고 창업에 뛰어든다면 한국의 자본시장은 더욱 발전할 수 있다고 확신한다.

한국인 중에는 여전히 금융에 대해 편견을 갖고 있는 사람들이 많다. 돈에 대해 드러내놓고 이야기하기를 꺼리는 사람도 많다. 내가 생각하는 금융업에 대한 잘못된 인식은 크게 두 가지다. 하나는 금융업을 여전히 제조업보다 중요하지 않다고 여기는 것이며, 다른 하나는 금융(주식 투자)으로 번 돈을 '불로소득'이라며 마치 도덕적으로 문제가 있는 것처럼 치부한다는 점이다. 이러한 경직성과 편견들이 대한민국의 질적인 성장을 가로막고 기업의 성장에도 부정적인 영향을 끼친다.

"부자가 된다는 것은 단순히 돈을 많이 소유한다는 의미가 아니라, 돈을 위해 일하지 않고 돈이 나를 위해 일하게 함으로써 돈으로부터 자유로워져 행복과 미래에 대한 희망을 갖게 된다는 것을 의미한다."

필자는 무한경쟁의 암울한 현실에서 가혹한 스트레스를 받으며 자라는 우리나라의 아이들에게 희망을 안겨주고 경제적 독립과 더불어 부자의 삶을 실현하는 행복을 선사하고 싶은 꿈을 꾼다. 개인과 가정의 경제독립이 이루어진다면 사회에 선한 영향력이 미치는 선한 부자들이 많아질 것이다. 그러기 위해 아이들을 대상으로 하는 금융 교육을 지속적으로 그리고 체계적으로 진행하고, 주부들의 금융 교육도 보다 전문적으로 진행할 계획이다.

이 책을 세상에 내놓기 위해 함께한 참가자들과 금융 서적을 읽고 토론하며 실로 다양한 개인투자자들과 현장의 고충을 제대로 알고 뼈저리게 성찰하게 되었다. 무엇보다 전 세계를 주도하며 세계가 부러워할 글로벌기업과 다채로운 K컬처를 지닌 우리가 왜 그토록 금융 지식이 미천하고 투자에 후진적일 수밖에 없는지를 이분들의 육성으로 제대로 파악할 수 있었다. 무엇보다 한국인들이 가진 근본적 문제는 '주식 투자'에 대한 철학의 빈곤에서 오는 잘못된 투자관과 장기적 투자 마인드가 갖춰져 있지 않다는 것이었다. 다른 일반적인 개인투자자들보다는 나름의 금융 지식도 갖춘 분들이었고 이분들과 5개월가량 자신들의 문제를 직시하고 자기만의 금융 철학을 쌓을 수 있도록 절차탁마하면서 자연스럽게 처음 한국에 왔을 때 느꼈던 '희망의 단서'를 발견할 수 있음은 다행한 일이라고 생각한다.

2024년 7월

존리

1장

한국은
부자국가가 아니다

함께 읽은 책

《존리의 부자되기 습관》
존리 지음, 지식노마드

모든 것은
'비교'에서 시작되었다

지금 우리에게 필요한 마인드는 모든 것을 '비교'해 자신을 남보다
불행하게 여기는 태도로부터 벗어나는 것이다. 한국인은 어렸을 때부터
대학생이 될 때까지 심지어는 사회에 나와서도 한 번도 돈에 관한 것을
제대로 배운 적이 없는 심각한 금융문맹 상태에 놓여있다.
지금이라도 한국인이 꼭 배워야 할 교육은
'남이 나를 어떻게 볼까'를 깨뜨려 스스로 경제독립을 할 수 있는 방법을
터득하는 금융 교육이 되어야 한다.

존리 여러분, 반갑습니다. 메디치미디어에서 이 모임을 처음 제안 받았을 때는 사실 이 모임이 잘 그려지지 않았습니다. 그러나 모임의 취지를 듣고 보니 많은 생각이 들더군요. 그동안 제가 출판했던 책들은 모두 일방향적인 이야기였다는 생각이 들었어요. 제 이야기가 사람들에게 얼마나 도움이 되는지 그리고 얼마나 정확하게 그들의 삶에 적용이 되고 있는지는 알 길이 없었거든요.

장서우 안녕하세요. 장서우라고 합니다. 바로 그 '금융문맹'이

저를 말씀하신 것 같아요. 저는 또래에 비해서 치열하게 살았다고 자부하고, 현재 가지고 있는 포트폴리오도 좋은 편이라고 생각합니다. 상대적으로 돈도 많이 벌어요. 그럼에도 불구하고 주식이나 투자 같은 것을 해본 적이 전혀 없습니다. 제가 하는 일만 외골수로 하는 사람이라, 심지어 존리 선생님도 잘 몰랐을 정도에요.

정수현 저는 현재 은퇴를 바라보는 지점에 있어요. 작년에는 어머니가 아프시다가 소천하셨는데, 제 인생에서 가장 힘든 암흑기였던 것 같습니다. 앞만 보면서 달리다 보니, 부모님에 대한 생각을 많이 못했었어요. 어머니가 돌아가시고 우울증에 시달리기도 했습니다. 그러다 평상시에 마음속으로 존경하던 존리 선생님이 부자학교 책모임을 하신다는 걸 보고 신청했어요.

저희 나이대가 우리나라 자본주의가 급속히 발전하는 걸 체험한 세대에요. 국민소득이 1만, 2만, 3만 달러가 되는 걸 몸소 체험하면서 살았어요. 그 당시는 일본이 우리나라보다 훨씬 앞서 있다고 생각했습니다. 전 세계에서 이름난 브랜드의 대기업들이 많이 있었습니다. 도저히 우리나라는 따라가지 못할 거라고 생각할 정도였어요.

그 당시에도 의아한 점은 있었습니다. 일본은 국가와 회사는 굉장히 풍족한데, 일이나 여행으로 가보면 일본인 개

개인은 조그마한 집에서 허름하게 살고 있었어요. 지금 생각해보면, 현재 우리나라가 그런 상황인 것 같습니다. 빈부의 격차가 심각해서 상위 20%의 삶과 나머지 80%의 삶의 질이 차이가 많이 나요. 지금은 전 세계 어디를 가도 한국의 대기업이 만든 제품이나 자동차를 볼 수 있을 정도로 발전했는데, 막상 한국 내에서는 우수한 인재인데도 능력에 비해 사는 건 정말 평범해서 괴리감이 느껴집니다. 개미처럼 다들 열심히 살았던 대가가 충분치 않아 보여요. 경제 지식이나 정보가 없어서인지 궁금했는데, 존리 선생님이 말씀하신 것처럼 금융 지식이 없었던 것 같습니다. 보험을 30년 동안 들었는데, 투자 지식이 있었다면 다른 선택을 했을 것 같아요. 이런 생각을 하다 보니 존리 선생님을 가까이에서 뵙고 이야기를 듣고 싶었습니다. 인생은 누군가를 만나고, 어디에 사는지에 따라서 많이 달라진다고 합니다. 자신의 운명을 바꾸고 싶으면 만나는 사람과 사는 공간을 바꾸라고 했습니다. 그점에서 저는 한국의 워렌버핏을 만났다고 생각합니다.

김현주 안녕하세요. 저는 김현주라고 합니다. 존리 선생님이 말씀하시는 '금융문맹'과 '금융 빈곤'을 한꺼번에 지닌 사람이 저인 것 같습니다. 현재 제게 가장 절박한 건 '돈'이에요. 저는 이제까지 딱히 돈이 절박하다고 느낀 적이 한 번도 없었다는 걸 깨달았습니다. 저의 부모님은 평생 열심히 일을 하셔서 돈을 많이 버셨어요. 디자인 대학에, 해외연수에, 지금은 대학원까지 다니고 있어요. 돈이 많이 드는 자식이었는데, 부모님이 모두 지원을 해주셔서 돈 걱정 없이 살았어요. 하지만 막상 나이가 마흔이 넘어가니 돈이 정말 중요하다는 사실을 깨달았어요. 건강을 책임져야 할 때도 병원에 가려면 돈이 있어야 하고, 병원을 가려면 꾸준히 보험료를 내야 하고, 그렇게 하려면 경제활동을 해야 하니까요.

스스로를 '성장하는 인간'이라고 정의하고 싶었고, 학벌에 대한 콤플렉스를 편입과 유학으로 풀어냈는데도 국내에 돌아와서 다시 대학원을 다녔어요. 그리고 중소기업을 다니면서 열심히 일을 했는데도 통장에 남은 게 없는 마이너스 인생이라는 걸 어느 순간 깨달았습니다. '있어빌리티'를 너무 유지하고 싶고, 디자인 백을 가지고 다니면서 마이너스 통장을 유지하고 있었던 거죠. 저는 존리 선생님 책을 읽거나 유튜브를 감히 보지도 못했어요. 하지만 스스로 책임져야 하는 시점이 되니 돈에 대해서 제대로 공부를 하고 싶다는 생각이 들었어요.

직업을 한 번 바꿨는데, 이전엔 중소기업에서 열심히 남의 돈을 벌어주는 일에 매진해 회사 매출을 4배, 8배까지 올려놨어요. 그런데 돌아오는 건 또 마이너스된 통장 잔고였어요.

지쳐서 그만두고는 '이제는 진짜 내 것을 하고 싶다'는 생각이 들었어요. 이제는 제대로 돈을 벌고 싶은데, 사업을 할 용기는 나지 않았어요. 금융을 조금씩 공부하면서 사업할 용기도 생기고, 세상을 제대로 바라볼 수 있지 않을까 생각했습니다. 그러다보니 여기 이 자리에 앉아 있네요. 여러분 잘 부탁드립니다.

김세환 안녕하세요. 저는 학교에서 아이들을 가르치는 교사입니다. 체육을 가르치고 있습니다. 저는 대학교를 졸업하자마자 교사를 시작했고, 평생 학교에서 살 것 같아요. 교육의 최전선에 있는 사람으로서, 우리 아이들에게 지식도 좋지만 이제는 현실적인 자본에 대해 가르쳐야 한다는 생각이 들었습니다. 어떻게 가르쳐야 할지 고민을 하다 얻은 결론은, 제가 먼저 배워야 하고, 배운 것을 먼저 실제로 증명을 해야 한다는 것이었습니다. 증명을 한 후에 아이들을 도울 수 있는 역할을 할 수 있겠다는 생각에 이 자리에 왔습니다. 가장 근본적이고 핵심적인 문제가 교육에 있다는 걸 깊이 느껴서 이 자리까지 오게 되었습니다. 다른 분들 이야기를 들어보니, 저만 평범하게 살아온 것 같네요. 잘 부탁드립니다.

존리 여기 오신 것 자체가 평범하지는 않아요. (웃음) 이 모임에서 말하고 싶은 건 두 가지예요. 이 두 가지만 되면 대한민국은 세계에서 가장 경쟁력 있는 국가가 될 것이라고 생각해요. 바로 '교육 개혁'과 '금융 개혁'이에요. 지금 우리가 어떤 결정을 하느냐에 따라 대한민국의 미래가 달라질 겁니다. 지금이 미래를 좌우하는 '결정적인 순간(critical time)'입니다. 이제는 정말 금융문맹을 탈출해야 해요.

이제 우리는 돈에 대해서 적극적으로 이야기할 수 있는 환경을 만들어야 합니다. 전국적으로 금융에 대해서 체계적으로 배울 수 있는 여건을 확산시키고 투자에 대해 알려야 합니다. 그리고 금융 교육을 받는 것뿐만 아니라 금융 교육을 할 수 있는 인재를 계속 양성해야 합니다. 어떻게 하면 금융 교육을 확장시킬 수 있을까 하고 여러 가지 방안을 고민하고 있습니다. 이 모임도 그 고민의 결과이지요.

재테크에 대한 책들은 많습니다. 그런데 아직 '핵심'을 뚫는 책은 없는 것 같아요. 빨리 돈을 벌고 싶은 사람은 많은데, 돈을 버는 데는 시간이 필요하다는 건 아직 모르는 것 같아요. 이 모임을 통해서 한 분 한 분이 이 핵심을 깨달았으면 좋겠습니다. 이 모임 그리고 우리가 쓰는 책이 주는 메시지가 '우리는 다 희망이 있다, 할 수 있다'이길 바랍니다.

자, 이제 모임을 시작해 볼까요.

비교하는 교육이 우리를 가난하게 했다

존리 사람이 가난한 이유는 여러 가지가 있습니다. 저는 세 가지 요인이 가장 크다고 보는데요. 첫째는 금융 지식이 없기 때문이에요. 보험을 들었는데 보험이 뭔지도 모르고 들고, 또 펀드를 들으면서 펀드가 뭔지도 모르고 들고, 코인을 사면서 코인이 뭔지도 모르고 사는 거죠. 그게 바로 금융문맹이거든요. 금융에 대한 지식이 없어서 어떤 경제적인 결정을 내릴 때 정말 합리적이지 않은 결정을 내리죠.

다른 하나는 비교하는 태도입니다. 돈은 상대적이기도, 절대적이기도 합니다. 모두가 10억을 가지고 있는데, 나만 3억을 가지고 있다면, 상대적으로 자신이 가난하다고 느끼죠. 3억이라는 금액 자체로도 중요한데도요. 가난한 사람들의 특징이 부자가 되려고 하지 않고 부자처럼 보이려고 하죠. 그런데 한국이 이전엔 농경사회여서 그런지 비교가 많아요. 이웃사촌이 땅을 사는 상황에 내가 배가 아픈 감정이 다른 나라보다는 조금 더 심한 것 같아요.

물론 역사적인 배경도 있겠지만 근본적으로는 교육이 잘못됐어요. 왜냐하면 어렸을 때부터 성적순으로 가르쳤거든요. 어렸을 때부터 비교하는 것부터 배웠어요. "너 몇 점 받았어?", "나는 몇 점 맞았어." 이런 비교하는 공부가 어렸을 때부터 형성이 된 거예요. 이런 교육이 유치원 때부터 죽을 때까지 연결이 돼요.

'너는 이쪽으로 가면 나는 이쪽으로 갈게' 이렇게 자기만의 길을 가야 하는데 비교하는 교육이 다양성이 없는 사회를 만들게 된 거예요. 모든 걸 비교하는 교육을 받다보니 모든 것을 비교하는 거예요. 그러다보니 60평에 사는 사람한테 내가 30평에 사는 걸 들키고 싶지 않은 거예요. '너 차 있어? 나는 차 없는데?' 그러면 또 내가 차가 있어야 되는 거예요. 우리도 모르게 비교하는 사고방식이 형성된 거예요.

제가 한국에 와서 제일 놀라고 너무 이해가 안 갔던 게 자기가 원하는 게 없어요. 내가 "원하는 것이 무엇이죠?"라고 물어도 "이거요" 하고 대답하는 사람이 없어요. 왜냐하면 저 사람이 하는 걸 내가 따라가면 문제가 안 생긴다는 말이잖아요. "가만히 있으면 중간은 간다"는 말이 한국에서는 아무런 문제도 없지만 외국인 입장에서 보면 말도 안 되죠. 내 인생에서 내가 원하는 게 없다는 건 그동안 우리도 모르게 '나보다 남이 중요하다'고 생각하고 있었다는 거예요.

지금 우리가 심각하게 고려해야 할 것은 '남이 나를 어떻게 볼까'를 깨뜨리지 않으면 부자가 될 수 없다는 겁니다. 제가 한국에서 제일 심각하게 느꼈던 게 한국은 모든 CEO가 기사가 딸린 차가 있어야 된다고 생각해요. 미국은 없어요. 미국은 CEO라고 차, 기사 없어요. CEO도 지하철 타고 다녀요. 그런데 한국은 사장이 지하철 타고 다니면 약간 문제가 있는 사람으로 보는 거예요. 그 경직성! 정말 뭐가 필요한지 뭐가 중요한지 잘 구별을 못하는 거죠.

우리가 여기까지 오는데 여러 가지 교통수단을 이용할 수 있겠죠. 차를 몰고 오는 사람, 지하철 타고 오는 사람, 택시 타고 오는 사람 등등. 그건 다 자신의 선호도잖아요. 그런데 파킹하기 힘든데도 불구하고 거의 모든 사람이 차를 몰고 와요. 생각을 하지 않고 그저 습관적인 거예요. 저는 한국에 왔을 때 그게 너무 신기했어요. 차를 타는 게 나쁜 건 아닌데 왜 다른 선택이 있다는 걸 생각을 안 할까? 생각했죠.

우리도 모르게 그냥 습관적으로 남들과 비교하는 거예요. 내가 차를 안 사면 그 돈으로 엄청난 돈을 절약할 수 있는데 거기까지 생각하지 않는 거지요. 그 돈으로 노후를 위해서 투자를 하면 어떻게 될까? 기회 비용이라는 생각이 안 드는 거죠. 습관적인 사고를 바꾸기가 너무 힘든 거에요. 남들과 비교하는 대신 그 자리에 경제개념이 들어가면 나의 경제적인 부분이 굉장히 빨리 올라갈텐데 거기까지 생각이 못 미치는 거에요.

《부자 아빠 가난한 아빠》에서 그 사람들이 부자가 됐던 이유는 남들이 미처 생각하지 못하는 걸 실천했던 거죠. 어떻게 보면 당연했던 것을 실천했던 거죠. 왜 실천을 했냐? 그 사람이 가난했거든요. 책에도 나왔듯이 부자 아빠 보면 고등학교밖에 안 나왔잖아요. 한국은 고등학교 나오면 무슨 인생이 끝난 걸로 알잖아요.

정수현 요즘은 좀 달라지고 있죠. 최근 뉴스에 나왔듯이 공부를 잘하는 사람보다 대인관계가 좋고 사회성이 뛰어난 사람이 연봉이 높다는 보고서가 있었습니다.

존리 다르죠. 이제 조금 더 현실적으로 온 거죠.

김세환 학교 현장에 있는 일원으로서 바라본 모습은 여전히 비교하는 문화는 반복되고 있습니다. 성적을 비교하고, 외모를 비교하고, 자신의 재산을 비교하고, 그리고 자신보다 잘난 사람을 만나면 그 사람을 헐뜯고 끌어내리는 잘못된 문화가 여전히 반복되는 경우도 있어요. 그런 모습을 보면 너무 안타깝습니다.

많이 달라지고 있고, 앞으로도 달라지겠지만, 이건 분명 교육이 필요하다고 생각해요. 남과 비교하기보다는 내가 가장 중요한 사람이라는 것을 인정해야 해요.

우리는 왜 금융문맹에서 벗어나지 못했나

존리 한국은 금융문맹이 대학원생까지도 이어지고 있어서 한 번도 돈을 벌어본 적이 없는 아이가 그 상태로 사회에 나오게 되죠. 돈 버는 걸 한 번도 배워본 적이 없으니 경제관념이 전혀 없어요. 그런데 외국 아이들은 고등학교 때부터 물건도 팔고 잔디도 깎아서 자기 용돈도 버는 등 경제관념이 몸에 배어 있어요. 거기서 경제관념의 수준 차이가 나는 거예요. 이렇게 말하면 좀 뭐하지만 한국 사람들은 머리는 무거워도 경쟁력이 없는 경우가 많아요.

김현주 개인적으로 '내가 왜 이렇게 불안한 걸까?'라고 생각하고 한 1년 반 정도 심리 상담을 받으면서 스스로를 깨는 데 되게 오랜 시간이 걸렸던 것 같아요. 저는 어딘가에 소속이 없으면 굉장히 불안해요. 특히 한국에서는 제가 프리랜서 ○○○라는 이름보다 제가 어디 소속돼 있지 않으면 불안해하는 거죠. 나를 소개할 때 만약에 '대기업에 다니는 ○○○입니다'라고 소개하면 그 기업이 내가 되는 거예요.

　　나는 그냥 나인데, 마치 삼성이 나인 것처럼 대부분의 사람들이 자신을 소개하는 자리에서 회사 이름부터 먼저 이야기해요. 한국이라는 사회가 어딘가에 소속되고, 그 소속이 나의 존재감을 알려주는 것처럼 돼버렸어요. 제가 창업을 준비하면서 되게 많이 고민했던 것 중에 하나가 '존재감'이었어요. 그 존재감을 증명해주는 것이 소속이고 그 소속의 대표적인 것이 작든 크든 조직이라 생각했습니다.

존리 이제 그걸 극복해야 돼요. 저는요 약간 특이하게 자랐어요. 집안이 그랬어요. 그리고 저는 무관심의 교육을 받았어요. 자라면서 저는 뭘 하라는 말을 들은 적이 없어요. 혼자 모든 걸 선택했어요.

고등학교 다닐 때 모두가 똑같은 교복을 입고 한 교실에서 똑같은 교과서를 외우다시피 하는 교육이 끔찍했거든요. 대학교 때 잠깐 좋다 그랬는데 얼마 안 있어 또 숨이 막히는 거예요. 내가 평생 또 어느 조직에 또 하나의 부속품고 같은 구성원이 된다는 사실이 딱 숨이 막히더라고요. 그래서 그냥 자퇴를 하게 됐고 미국으로 갔죠.

미국으로 가서 지하철을 타보고 아무 데나 내려서 시선이 닿는 술집에 가서 술을 마셨더니 숨이 탁 트이는 거예요. 지하철 벽에는 온갖 낙서가 돼 있고, 생각의 다양성을 접한 충격이 엄청났어요. 당시에 룸메이트였던 녀석이 방에 소련 국기를 걸어놓은 거예요. 나는 대한민국에서 반공 교육을 받았잖아요. 그 문화적 충격이 엄청났죠.

당시에 내가 다녔던 NYU(뉴욕대학교)가 굉장히 리버럴했어요. 기숙사에 들어갔는데 여자 남자 기숙사가 따로 있지 않은 거였어요. 상상이 가요? 공동시설이 있는데 커튼만 가려져 있고 얇은 커튼 너머로 남녀들이 같이 썼어요. 그때보다는 지금의 미국이 훨씬 더 보수적이죠. 그 당시에는 빨간 머리, 노란 머리, 교실에서 담배 피는 건 당연하고 NYU 캠퍼스에 워싱턴 스퀘어라는 공원이 있었어요. 그 공원에서 많이 나는 냄새가 마리화나 냄새에요. 대학의 한쪽엔 노벨상 받은 교수들이 산책을 하고 있고 다른 쪽엔 마리화나를 피는 사람들이 있는 거죠. 저는 그 다양성에 대해서 정말 놀랐어요.

유명한 자산운용사인 블랙스톤(Blackstone)을 가려고 얼마 전 겨울에 뉴욕으로 갔었어요. 그런데 그 건물 로비에 노숙자들이 자고 있는 거예요. 자그마치 1,000조가 넘는 거대한 자산을 보유한 세계적인 회사의 로비가 오픈되어 있으니까 누구나 들어온 거지요. 겨울에 추우니까 와서 자라고 하는 거예요. 좀 뭐랄까? 자유로움 그리고 다양성 그리고 '남의 눈치 보지 말고 네가 하고 싶은 걸 해라' 같은 그런 열린 정신 같은 것이 미국 교육의 기본처럼 느껴지죠. 그들은 금융 교육 가르치는 것도 a, b, c를 가르치는 것보다 자연스럽게 터득하게 합니다.

정수현 그때 누님에게 돈을 좀 빌려달라고 부탁을 하셨다고 들었는데, 그때 누님이 도와주셨으면 더 성장하시지 않으셨을까요?

존리 그것도 제가 아직 한국식 사고에서 벗어나지 못해서 그랬다고 생각해요. 당시에는 아직 한국식 사고가 더 많이 남아있던 때니까 저는 누님이 부자니까 당연히 돈을 줄 줄 알았죠. 만약에 그랬다면 제가 절실함이 없었기 때문에 돈을 줬어도 실패했을 거예요.

정수현 제가 이 모임에 참가한 이유 중의 하나가 주위에 정말 다양한 사람들이 있는데 왜 저렇게 경제적인 준비가 안 되어 있을까 안타까웠어요. 제가 도와줄 수 있을 만한 그런 역량은 못 되니까 돈 버는 걸 좀 배워보고 싶어서 참가했어요.

존리 도와준다는 게 여러 가지 의미가 있는데요. 어떤 사람한테 돈을 빌려준다는 의미의 도와주는 게 있고요. 더 중요한 것은 그 사람한테 희망을 주고 지식을 알려주는 게 있어요.

정수현 남에게 지식이나 정보를 주는 게 쉽지가 않잖아요.

존리 그러니까 이런 거죠. 모든 사람이 다 부자가 될 수는 없는 일이에요. 어떤 사람은 그것을 듣고 행동에 옮기는 사람이 있고, 끝까지 그것을 소화하지 못하는 사람은 어쩔 수가 없는 거죠. 끊임없이 알려주려는 노력이 필요해요.

고생한 당신, 떠나라는 말의 함정

정수현 얼마 전에 친구를 만났는데, 페라리를 타고 나왔어요. 그 얘기를 지인에게 했더니 화를 냈어요. 물론 그 친구가 재력가이긴 해요. 그런데 지인 이야기는 그 차를 타는 이유가 모르는 사람에게 알리려고 타는 게 아니라 자기 친구들한테 페라리라는 브랜드를 과시하려고 하는 거라서 허세가 있다고 하는 거예요. 그 말인즉은 그 차의 안정성, 기능, 이용 등에 사업을 하는 이유에 맞으면 상관이 없지만, 결국에는 자기 지인들이나 친구들에게 '나 이 정도는 탈 수 있다'는 걸 알리기 위해서 타는 게 문제라는 거죠. 결국 필요 이상의 대형차와 고급차는 경제적이지도 않고 허세와 그걸 바라보는 친한 지인들에게 상처를 줄 수 있다는 부분을 언급하더라고요.

한국 사람들뿐만 아니라 모든 인간의 허례허식, 그 심리적 동기는 의복에서도 나와요. 사람만 유일하게 옷을 입잖아요. 사람에게는 의복을 입는 동기가 트로피즘이에요. 남한테 과시하고 자신의 권위, 권력 이런 거를 나타내는 것으로 옷을 차려입는 거죠. 과거에는 추장의 머리 문신이나 보석 같은 게 그런 걸 과시하는 장신구였다면 요즘에는 시계, 자동차, 명품 이런 걸로 자기를 과시하는 거예요.

TV에서 가끔 전원주 씨가 나오면 웃음소리에 흥이 나서 보게 되는데, 이런 말을 하시더라고요. "언젠가 어느 모임에 나갔더니, 본인 빼고 전부 명품으로 치장했는데, 모두 자기 돈을 한 번씩 꿔간 사람들이었다"고 들었습니다. 그러면서 내용물이나 내면이 명품인 것이 중요하지 치장이 중요한 게 아니라고 하셨습니다. 전원주 씨도 상당한 재력가로 들었습니다만 굉장히 알뜰하시고 검소하다고 들었습니다. 존리 대표님도 차도 안 가지고 다니시고, 우리나라에서 대표님 정도면 운전기사 데리고 다니실 법도 한데 안 그러시니, 존경스럽고 의아하기까지 합니다.

김현주 그런데 저는 자본주의시대에 내가 돈이 있으면 에르메스 벨트를 사든, 샤넬 백을 매든, 보여지는 허례허식은 분명히 있지만, 자기가 살 수 있으면 사는 거라고 봐요. 솔직히 뭔가를 구매할 때 기능이나 그런 거 생각 안 하고 예뻐서 사는 경우가 많습니다.

존리 저도 이제는 차가 있어요. 일산으로 이사를 갔거든요.

파주에도 집이 있어요. 아내가 공방을 하거든요. 부자처럼 보이려고 하면 가난하게 되죠. 부자처럼 보이지 말고 부자가 되어야 해요.

정수현 그래야 당신의 품격이 유지되고 당신이 품위 있는 사람이라고 상업적으로 광고도 하고 일반인을 세뇌시키고 주위도 인정하니까요.

존리 사람들을 가난하게 만드는 일등공신이 자동차입니다. 필요하지 않다면 구입하면 안 됩니다. 특히 젊었을 때는 구입을 미루어야 해요. 그래서 한국이 OECD 국가 중 노인 빈곤율 세계 1위인 거예요. 미국에서는 페라리를 거의 구경할 수가 없어요. 아주 극소수의 사람들, 그건 영화배우나 유명한 운동선수가 사는 거예요.

김현주 2021년에 페라리가 우리나라에서 357대를 팔았다고 합니다. 2019년부터 꾸준히 상승하였다는 기사를 봤습니다. 2022년에 페라리 회장의 방문 이유 중의 하나가 한국은 고가의 수입차가 많이 팔리는 중요 시장이라는 점입니다.

존리 미국은 생각도 못하죠. 그런데 한국에 오니까 고급호

텔에 가면 젊은 사람들이 타고 있는 거예요. 돈이 너무 많아서 탄다고 하면 모르겠지만 잘못된 라이프스타일입니다.

김현주 이해가 안 돼요.

존리 주위의 그러한 사치스러운 사람들을 부러워하고 동경하는 문화는 지양되어야 해요.

김현주 이 책에서 좋았던 부분이 "그동안 고생한 너를 위해서 뭘 사기 전에 하루 30분씩 투자를 해라"라는 부분이었어요.

존리 당연하죠. 나한테 주식을 선물하는 게 100배 나아요. 나한테 백을 선물하는 것보다.

김세환 저는 아직 한 번도 해외에 가본 적이 없어요. 제가 다른 사람에게 가까운 일본에도 여행 한 번 가본 적이 없다고 하면 깜짝 놀라요. 아이들 때문에 힘들었으니 방학 때는 해외에 나가서 스트레스를 풀어야 한다고 하면서 말이에요.

그런데 저는 오히려 해외여행을 가본 적 없는 게 조금 자랑이에요. 여권도 없는 게 무슨 자랑이냐고 할 수도 있겠지만, 저는 그 돈으로 투자를 했으니까요.

돈에 대해 공부하고 투자하면서 저는 매일매일이 여행 같아요. 단 하루도 똑같은 날이 없으니까 말이죠. 새로운 곳에 가서 멋진 풍경을 보고 맛있는 음식을 먹으면 좋다고 하지만, 저는 이미 충분한 걸요.

　　그런데도 다른 사람들은 해외여행을 가라고 저를 설득해요. 그래도 저는 함정에 빠지지 않았어요.

공부를 잘하면
부자가 된다는 착각

—

한국의 학부모들은 '나는 부자가 될 수 없다'는 부정적인 생각에 사로잡혀
극단적인 방법으로 '내 아이가 공부만 잘하면 잘 살 수 있다'는
근거 없는 자녀교육론에 빠져있다. 우리가 건강한 자본주의 사회에서
행복하고 독립적인 공동체로 자녀를 성장시키기 위해서는
'돈'에 대한 올바른 가치를 가르쳐야 한다. 이를 위한 금융 교육은
자본주의 사회에서 살아가는 사람들이 돈으로부터 독립되어 주체적으로
살아갈 수 있도록 체계적인 금융 교육이 필요한 것이다.

사교육이 자녀들을 더 가난하게 한다

존리　요즘 〈일타스캔들〉이라는 드라마를 흥미있게 보는데,
볼 때마다 "모두가 미쳤구나"라는 생각이 드는 거예요. 그 일
타 강사가 친구들을 만나는 장면이 나와요. 친구들이 일타 강
사에게 "너 인기 강사인데, 한 백 억 버나?"라고 묻는 거예요.

김현주　조 단위로⋯.

존리 그 강사가 "그것보다는 더 벌지" 하는 대사를 들으면서 저는 순간적으로 저게 다 학부모들이 가져다주는 돈 아닌가 하는 생각이 들었어요.

정수현 1년에 연봉이 160억, 10년이 되면 천 억 정도.

존리 그러니까요. 그러면 우리 애들은 어떻게 되었을까요? 그렇게 돈 가져다주고 나서? 부모와 자녀 모두 가난해졌죠. 우리 애를 가난하게 되도록 괴롭히는 거에 돈을 쓴 거잖아요.

김세환 표현이 좀 그런데, 고문하는데 쓴다고 해도 과언이 아닐 것 같아요. 학교가 끝나면 저녁도 먹지 못한 채 학원을 가요. 그리고 수업하기 전에 편의점에서 대충 끼니를 챙겨먹는다고 하더라고요. 라면을 먹고 반드시 먹는 게 있어요. 카페인 함량이 높은 음료들이죠. 그래야 집중이 잘 된데요.
그렇게 10시까지 4시간 가량 수업을 듣고 집에 온데요. 그리고 씻고 바로 휴대폰을 본다는 거예요. 그러다가 새벽 1시가 넘어서 잠을 자요. 그리고 피곤한 상태로 학교에 와서 다시 또 공복에 마시는 게 바로 카페인 음료에요. 악순환의 반복이죠. 이렇게 하루가 아니라 1년, 3년, 또는 중고등학교 6년이라고 생각하면 이건 고문이에요. 몸도 망치고 정신도 망쳐요.

저는 이런 생활을 하다가 제가 담임을 맡고 과학고등학교에 진학했던 저희 반 학생에게 우연히 연락이 왔어요. 갑자기 절 보러 오겠다는 거예요. 저는 "선생님은 언제든 환영이지"라고 말하며 메시지를 보냈는데, 갑자기 다음날 바로 저를 찾아왔어요. 과학고가 힘들어서 일반계 고등학교로 전학 갔고, 이마저도 힘들어서 자퇴했다고요. 그리고 지금 우울증 약을 먹고 있는데, 예전에 저랑 함께 운동했던 시간이 너무 즐겁고 그리워져서 같이 운동하고 싶어서 저를 찾아왔던 거였어요. 안타까웠죠. 이게 도대체 무슨 일인가.

존리 아동학대라고 생각합니다.

정수현 그게 60-70년대 엄마들이 한 짓이죠.

존리 요즘에도 이러한 것들이 많다고 들었어요. 영어 단어를 외워야 하는데, 다 못 외우면 집을 안 보낸대요.

김현주 맞아요. 가둬놔요.

존리 가장 멍청한 교육 방법입니다. 그렇게 해선 영어가 평생 늘지 않거든요.

정수현 유럽 애들은 영어 많이 안 배워도 다 잘 하든데….

존리 그렇죠. 드라마나 영화를 본다든가, 스포츠를 한다든가, 그런데서 자연스럽게 배우게 되는데, 지금 우리는 멍청한 교육을 하는 거예요. 그렇게 억지로 주입해서는 영어가 절대로 늘지 않아요. 그런데 왜 그렇게 하는가? 무엇이 중요하고, 무엇이 중요하지 않은 것인지 잘 모르기 때문에 그렇게 하는 거죠. 부모도 그런 교육을 받은 거예요.

되게 재미난 게, 블룸버그 기사에서 보니까 한국인이 부자가 되고 싶어 하는 것이 세계 1위예요. 돈이 중요하다, 부자가 되고 싶다, 그것에 1등이에요. 한국 사람이 돈이 제일 중요하다고 말한 것이 세계 1위인데, 명품 소비도 1위예요. 아, 이걸 보면 한국인들은 부자처럼 보이는 걸 좋아하는 거라는 걸 알 수 있죠.

많은 학부모들이 '나는 부자가 될 수 없다'는 부정적인 생각을 가지고 있어서, '부자가 될 필요가 없다', '돈이 필요 없다'고 아예 부자에 대해 부정적으로 생각하는 거예요. 그리고 극단적으로 가는 거죠. '공부만 해'라고 하면서요. 한 사람이 얘기하던 걸 두 사람이 얘기하고, 또 TV에서 얘기하니까 어느 날 부터인가 한국 사회가 그렇게 된 거예요. 제가 통계를 봤는데, 놀라운 게 있었어요. 사교육을 안 시켜도 괜찮다고 생각한 사람이 이전에는 20%였는데, 지금은 1%밖에 안 돼요.

김현주 강남 대치동에 학원이 많은데, 강남권에 있는 애들이 좋은 대학을 가요. 그러니 시켜야죠.

존리 자존감이 없고 자신의 생각이 뚜렷하지 않아서 그래요. 자존감이 필요해요. 제가 어렸을 때, 학부모가 학교에 찾아 오잖아요. 그럼 엄마가 연세도 많고, 시골에서 오면 부끄러워서 감추는 경우가 있잖아요. 그런데 그걸 극복하는 아이들은 "우리 엄마야, 학교도 못 나왔지만 진짜 대단하신 분이야"라고 하는 거죠. 그런 사람이 얼마나 되겠어요. 우리는 그걸 훈련시켜야 해요. 어려움을 자랑스럽게 이야기할 수 있어야 한다는 걸 경제 교육을 하면서 알려야 하는 거죠. 부자처럼 보일 필요가 없어요. 얼마나 자랑스러운 엄마인지 가르쳐 주면 되거든요. 그러면 자랑스럽게 이야기할 수 있는 거죠. 그런데 그 훈련을 받지 않은 사람은 남이 나를 어떻게 생각할까, 우리 엄마를 어떻게 생각할까, 이런 생각만 하거든요. 남들을 따라서 하게 됩니다.

우리는 그걸 가르쳐야 되는 거예요. '프라이드'를 가지라고 가르치고, '너는 이 세상에 한 명밖에 없는 사람이다', '남들이 원하는 라이프를 살지 마라', 이런 얘기를 해주는 거죠.

예를 들어 좋은 동네에서 살지 않으면 결혼 못한다고 한다면 거부할 줄 알아야 해요. 그런 걸 우리 아이들한테 가르쳐줘야 하는 거거든요.

'왜 남들이 너의 가치를 판단하게 만드냐'인 거죠. 이 교육이 저는 금융 교육이라고 생각해요. 그리고 사교육 받고 하루종일 학원에 앉아 있는 아이들은 이런 걸 알 수 없다고 생각해요. 좋은 기회를 놓치는 거죠.

정수현 정순신 변호사 아들 학교폭력 사태에서 교사가 그 아이에 대해 좋게 이야기하지 않았던 이유가 강자한테는 약하고, 자기보다 약한 아이는 괴롭히는 아이였기 때문이에요. 문제는 타일러서 상대방 피해자한테 사과를 하라고 해서, 알아들은 것 같다가도 집에만 다녀오면, 부모만 만나고 오면 바뀌는 거죠. 부모가 그렇게 교육을 시킨 것 같아요.

지금 경제독립 교육이 중요하다

존리 어떤 과학고등학교에 강연을 갔어요. 그 학교는 제일 들어가기 어려운 학교라고 하더라고요. 저는 나름대로 어떤 학교일까 궁금했는데 너무 실망했어요. 강연장엘 들어갔더니 너무 놀랍게도 아무도 저를 쳐다보질 않아요. 강의는 하는데 안 쳐다봐요. 그 시간에 숙제하고 있는 거예요. 전부 컴퓨터하고 있는 거예요. "너희 관심 없니?" 그랬더니 대답이 없어요. 아예 듣고 싶지 않아 하는 거예요. "그만 할까?" 했더니, 그래도 대답을 안 하는 거예요. 그래서 딱 3분 만에 내려왔어요. "나는 너희들하고 1분도 시간을 보내고 싶지 않다"고 했어요.

얼마 안 있어 교장선생님이 강연장에 와서 당황해하며 무슨 일이냐고 물어보셨죠. 그때 저는 '이런 애들이 대한민국의 리더가 되면 심각하겠다'는 생각이 들었어요. 그래서 내친 김에 "나는 남에 대한 배려는 배우지 않는 아이들이 대한민국의 리더가 되면 국가적으로 너무 불행하다고 생각한다"고 말했어요. 그런데 이어 나온 교장선생님의 대답이 또 이해가 안 갔는데, "사실은요. 40%가 정신병을 앓고 있어요"라는 거예요. 그래서 내가 '미쳤구나, 다 미쳤구나' 생각했죠. 우리는 서울대 몇 명 가는 게 중요하다. 그걸 아무런 문제의식이 없이 얘기하는 거예요.

정수현 서울도 똑같아요. 나름 아이를 잘 키운다는 엄마들을 만나면 유치원 때부터 무조건 '인서울' 이야기를 하고, 모두 같은 방향으로 가려고 해요.

존리 울산에 있는 한 초등학교 강의를 갔는데, 교장선생님이 재미난 이야기를 하셨어요. 자신은 이 초등학교를 졸업했고 당시는 중학교를 못 가는 애들이 많았대요. 그런데 자기는 전교 1등을 했대요. 그래서 자기는 서울로 유학을 가서 임용고시도 보고, 은퇴할 때쯤에 모교의 교장을 하고 계신 거였어요.

어떤 친구가 가난해서 중학교를 못 갔대요. 그때는 먹고 살기가 힘들 때니까 중학교 못 간 애의 설움은 이루 말할 수가 없겠죠. 중학교 간 아이들은 다 교복을 입잖아요. 근데 그 친구도 교복을 입고 싶은데… 워낙 가난하니까, 그래서 친구를 만나면 부끄러워서 숨기도 했대요. 그냥 자기가 창피하니까. 그러다가 어느 날 그 친구가 학교 앞에서 자판을 깔아놓고 운동화를 팔기 시작한 거예요.

정수현 이명박 전 대통령도 어렸을 때 집안형편이 어려워서 어머니가 고등학교를 보내주지 않고 본인 학교 앞에서 호떡 장사를 시키셨다고 합니다. 모자를 깊게 눌러쓰고 장사하다가 도저히 창피해서 3일 만에 걷어치우고 다른 일을 했다고 한 걸로 자서전에서 읽은 기억이 납니다.

존리 그런데 그 사람이 지금은 근처 빌딩을 많이 갖고 있는 거예요. 그러니까 생각해 보세요. 15살부터 장사한 거 아니에요. 그러니까 지금 70이니까 50년 동안 장사하다 보니까 건물

사게 되고, 신발 가게 대리점을 하게 되고. 교장선생님이 '왜 나는 그걸 몰랐을까' 그러는 거예요. 동창끼리 만나면 전부 그 사람이 낸대요.

정수현 인생은 공평한 거지요.

존리 경제독립이라는 게 중요하다는 걸 느껴서 이분이 저를 초대한 거예요. 지금 세월이 지나고 나니까 학생들에게 돈의 중요성을 일깨우고 싶다는 생각을 한 거죠. 남들이 하는 거 그냥 공부 열심히 해서 서울에서 와서 교장을 하면 만족할 수 있죠. 그런데 경제독립의 입장에서 생각만 좀 바꿨으면, 돈에 대해서 조금 더 긍정적인 생각을 했으면, 하신 거죠.

　　그 교장선생님이 정말 깨신 분이에요. 그래서 제가 제안을 했어요. 대한민국 최초의 주식투자클럽을 이 학교에서 시작합시다. 너무 좋대요. 근데 연락이 없어. 제가 어떻게 됐습니까, 했더니 학부모들이 결사반대를 했다고. 지금도 안 되고 있어요. 다들 찬성하는데 한 명이 반대하면 그 사람이 교육청에 가서 뭐라고 하는 거예요. 아이들한테 도박을 가르친다고. 주식 투자라는 말도 안 되는 걸 가르친다고. 그러면 교장을 못하는 거예요. 그래서 결국은 제가 최초 초등학교 주식투자클럽을 만드는 게 지금까지도 안 되고 있어요.

김현주 저희 애들한테 선생님이 쓰신《존리의 금융 모험생 클럽》시리즈를 사줬거든요. 사실 되게 좋아해요. 세 번 네 번째 읽고 있어요. "나 이분 만나러 가" 이랬더니 "사인 받아 줘" 그랬어요. 근데 책 앞에 사인해 주셨더라고요.

존리 저는 대한민국 최초의 초등학교 주식투자클럽을 만들고 싶거든요. 아이들에게 이제 투자를 가르치고 싶어요. 언젠가는 대한민국의 금융의 큰 인물이 될 수 있어요.

김현주 선생님이 학교에서 금융 교육 하시면 되잖아요.

존리 그래서 〈존리의 부자학교〉를 설립했어요. 이제는 키즈 투자클럽을 해서 네트워킹을 하려고 해요. 강의로 끝나는 게 아니고 10명 20명 30명이 되면 주부와 아이들 모두 네트워킹을 해서 다 투자 얘기 하고 돈을 일 시키는 얘기 하는 거죠. 미국에는 주식투자클럽이 많아요.

김세환 우리가 단순히 '돈'에 대해 가르칠 게 아니라, '인간 본성'에 대한 교육이 필요하다는 생각이 들어요. 우리가 인성 교육을 강조하는 이유는, 앞으로도 무언가는 빠르게 변하지만 인간으로서 바뀌지 않는 뭔가가 있잖아요. 아무리 돈을 많이 벌어도, 엄청난 돈을 준다고 해도 우리가 인간으로서 하지 않는 선택들이 있잖아요. 돈이 전부는 아니지만, 돈이 많은 걸 해결해주고 도와준다고 생각해요.

돈에 대해서 가르쳐야 한다고 하지만, 돈에 대한 공식을 외우고 시험보는 게 아니라, 돈이 가진 진짜 의미를 배워야 한다는 거죠. 그게 우리가 자꾸 무언가를 바꾸려고 시도하고, 더 나은 것을 바라고, 더 좋은 환경을 만들려고 노력하는 이유잖아요. 무언가 자신만의 의미를 찾고 가치를 찾으려고 노력하잖아요.

우리나라에서는 흔히 '정'이라는 단어로 참 멋진 표현도 있지만, 저는 그게 우리 대한민국 사람이 유별나게 가지고 있는 '본능' 같은거라고 봐요.

우리는 참 다른 사람에 대한 배려가 남달라요. 외국인을 만났을 때 한국말이 아니라 서툴지만 바로 영어로 대화하려고 노력하는 것만 봐도 그렇잖아요.

돈은 남에게 과시하기 위한 게 아니라, 남을 돕기 위해 필요한 거고, 우리에게 돈은 정말 소중한 거라는 걸 알아야 해요. 그래서 제대로 된 경제 교육을 해야 해요. 경제 교육은 자신만의 의미를 찾고 가치를 찾을 수 있는 기회라고 봐요. 왜 우리는 그 기회를 버리고 아직도 시험에만 매달리는지 교육 현장에 있는 저는 안타까울 뿐입니다.

존리 한국에 와서 직원들을 보면서 느낀 건데 경쟁에만 몰두하다 보니 누구를 도와주라는 교육을 못 받았던 것 같아요. 회의에서 왜 질문 안 하냐고 질책을 했었는데, 질문할 생각은 안 하고 약점을 잡으려고 회의를 녹음을 하는 것을 보고 깜짝 놀랐어요. 지극히 잘못된 교육을 받았구나 생각했어요.

김세환 아이들이 학교에서도 녹음을 해요. 좋은 의도로 공부한 걸 복습한다는 차원에서 녹음기를 켜고 수업을 들으면 안 되냐고 물어보는 애들이 많아지고 있어요.

존리 나중에 알았지만 회의 했던 걸 녹음을 했어요. 녹음을 해서 약점을 잡으려고 하는 거예요. 고마워 해야 할텐데 어떻게 그런 마음이 들었을까, 한국의 교육이 잘못된 것이 아닐까 고민을 하게 되더라고요.

김세환 그래서 더욱 인간 본성적인 교육이 필요한 것 같습니다. 인간의 본성 교육은 어려운 게 아니라, 우리 모두 각자의 삶의 주체로 살자는 뜻으로 저는 이해해요. 즉, '나답게 살자' 라는 의미를 말하는건데, 이건 우리가 모두 스스로 독립하자, 독립적으로 살자는 뜻으로 받아들이면 좋겠어요.
    이 세상에 '나'라는 존재는 단 한명 뿐이잖아요. 세상 유일한 존재이며, 세상의 중심이 바로 '나'라는 거예요. 나답게 살기 위해, 스스로 독립적으로 살기 위해서는 우리는 반드시 교육이 필요해요. 그리고, 우리는 지금 자본주의 사회에 살아가고 있기 때문에 우리는 경제 교육이 절실히 필요한 거죠. 돈을 이용해서 나답게 사는 걸 배우고, 돈으로부터 독립하는 것을 배우는 거에요.

조금 솔직해졌으면 좋겠어요. 나답기 살기 위해서 우리는 돈이 많이 필요합니다. 반대로, 돈 때문에 나다움을 포기하는 사람도 많기 때문이에요. 저는 이게 올바른 경제 교육을 받지 못했기 때문이라고 생각해요.

존리 저는 교육의 문제라고 생각해요. 자기 권리를 주장하지만, 의무와 남을 배려하는 것을 미처 배우지 못한 것 같아요. 뒤에서 비난하지 말고 자신의 의견을 당당하게 말하는 훈련이 부족해요.

정수현 말을 많이 하는 사람이 오히려 나은 것 같아요. 말을 안하고 있는 사람은 조용히 그렇게 해요. 사회생활 하면서 다양한 사람을 만났어요. 예전에는 말을 많이 하는 사람을 되게 싫어했거든요. 근데 말을 많이 하는 사람은 그게 전부 다예요. 근데 말 안 하는 사람은 조용히 사고를 치는 경우가 많아요.

김세환 끊임없이 변하는 세상에 적응하고, 타인과 관계도 맺어야 하는 이 복잡한 상황에서도 우리는 절대 자신을 잃지 않고 살아가야 합니다. 그게 저는 참 인간답다, 나답다, 그리고 아름답다고 생각합니다. 변화하는 세상에 잘 적응해야 하는 것은 SNS를 예시로 들면 좋겠습니다. 세상이 빠르게 발전하면서 우리는 SNS로 세상이 하나로 연결되는 초연결 세상에서 살아가게 되었습니다. 그리고 그 안에서 우리는 예전과 다른 방식으로 나다움을 표현해요. 자신의 개성을 드러내는 것은 매우 훌륭한 일이죠. 나의 옷차림, 내가 가지고 있는 물건, 나를 만나는 사람들이 때로는 나를 대신 표현하고 드러내주기도 하죠.

그러나 올바른 교육이 없다면 나다움을 잃고 껍데기만 화려할 수밖에 없습니다. SNS상에서 남을 따라 비싼 물건을 사고, 비싼 호텔에서 화려한 음식을 주문해서 사진을 찍어 올리는 등 점점 나다움이 아닌 '남'다움을 쫓게 되는 경우도 많이 보았습니다.

이처럼 '남'다움에 쉽게 현혹되는 세상에서는 역설적이게도 나다움을 표현하고, 다른 사람들과 관계를 맺으며 스스로 독립적인 존재, 주체적인 존재로 세상을 살아갈 수 있도록 하는 힘이 필요해요. 제가 학교에서 아이들에게 가르치는 것은 지식이 아니라, 스스로 세상을 살아갈 수 있는 존재가 되도록 가르쳐요. 그게 무엇보다 중요한 거 아닐까요? 이러한 인간 본성에 대한 교육에는 인성 교육, 자존감 교육 뿐만이 아니라 금융 분야에서도 인간 본성에 대한 교육, 나다움을 강조하는 교육, 독립할 수 있는 교육이 필요합니다. 금융 교육 역시 자본주의 사회에서, 금융 사회에서 살아가는 사람들이 돈으로부터 독립되어, 주체적으로 살아가야 하고, 돈의 노예가 아닌 돈의 주인의 삶을 사는 것이 나다운 모습이기 때문입니다.

삶의 질을 놓치고 사는 강남 살기

존리 제가 광화문 살다가 일산으로 이사를 갔어요. 그랬더니 놀라운 반응이 나오는 거예요. "저 집 큰 문제가 생겨서 이사 간 것 아닌가?". 너무 신기한 거예요. 어떤 젊은 여성분을 만났는데 사교육 때문에 강남에 살았다고 해요. 그런데 학교 졸업하고 직장을 다니다보니 굳이 강남에 살 필요가 없잖아요. 그런데도 그녀는 계속 강남에 살아야 한다고 생각해요. 그때 그녀에게서 돌아온 놀라운 대답이 "강남에 있어야 인정을 받는다"는 거예요. 대부분 남을 의식하는 지극히 편견에 사로잡혀 있어요.

정수현 한국은 그래요. 그게 맞아요. 대기업 입사할 때도 거주지를 보죠. 저도 몰랐는데, 강남 대치동에 사는 친구가 강남 소식을 많이 전해주는데, 그 친구가 하는 말이 블라인드 면접을 할 때 서류에 주소를 보고 강남 순으로 뽑는대요. 그래서 취업시즌에 지인의 딸 주소지를 강남으로 옮겼다고 합니다.

존리 저는 그것도 이해가 안 돼요. 직원을 뽑는데, 블라인드로 뽑는 게 말이 되나요. 시험성적으로 뽑는 것이 가장 공정하다는 인식이 가장 공정하지 않아요. 제가 만약에 직원을 뽑는다면, 출신학교나 성적이 중요한 게 아니라 우리 고객들을 어떻게 대할 건지, 성실한지 안 한지, 이 사람이 가지고 있는 성격이 뭔지를 알고 뽑아야 하는데, 그걸 모르고 뽑는다는 게 너무 신기한 거예요. 우리나라가 가진 고정관념이 정말 깨기가 힘들구나 생각했어요. 시험성적으로 직원을 뽑는 나라는 한국이 유일하지 않을까 생각이 되네요.

'강남에 살아야 인정을 받는다'는 건 어떻게 보면 자존감의 부족에서 오는 것이 아닐까 싶어요. '남하고 비슷해야 하는 문화', 그렇지 않으면 불안한 거… '잘못된 고정관념이 팽배하구나. 그걸 깨는 건 우리 스스로가 변해야 되는구나' 하는 생각이 들게 되는 거죠.

김현주 백화점 매출 10위 중 7위까지가 모두 강남에 있거든요.

백화점 매출 1위가 '신세계' 2조 8천억이에요. 5~6위 정도에 '더현대'가 10위권 밖에 있고요. '더현대' 같은 경우는 9천억인데, '신세계' 본점 정도가 겨우 10위권 안에 들어가요. 서울 도심에 사시는 지인분 이야기로 자기가 살던 강북이 원래는 이렇지 않았다고 하는 거예요. 지인이 사는 광화문에서 시청일대까지 서울 도심이 이제는 관광지밖에 안 된다는 거예요. 숲세권보다 중요한 게 학세권인데, 원래 애들이 있어야 여기가 공부를 잘한다는 소문이 나고 그래야 주부들이 모여드는데, 이제는 강북이 그게 아니라는 거예요. 그럼 부자들이 다 어디로 갔을까요? 잠실이죠.

존리　가장 중요한 것을 놓치고 있는 것 같은데, 바로 Quality of life(삶의 질)인 거예요. 똑같이 생긴 아파트에 모두 살아서 그런 것 같아요. 저는 주말에 파주에 가는데 숨통이 터지는 것 같아요.

정수현　유럽은 아파트가 슬럼화 되어 있고, 부자는 전원주택에 살죠.

존리　미국도 그래요. 뉴욕같이 특별한 지역이 아니면 아파트에 살고 싶어하지 않죠.

김현주 이런 점을 보면 한국인이 집단을 좋아하는 것 같아요.

김세환 강남에 산다는 건 정말 양질의 주거 혜택을 받을 수 있고, 부동산이라는 자산이 앞으로도 상승할 가치가 있다는 의미로 보이기도 하지만 저는 한편으로는 일종의 성적표 같은 거라고 봐요.

학교에서는 아이들의 성적표를 공개적으로 알려주지 않아요. 한 명씩 따로 성적을 알려줄 뿐이에요. 보이지 않는 폭력과 같으니까요. 그런데 아이들은 자신이 받은 성적을 다른 친구들에게 보여줘요. 자신보다 낮은 점수를 받은 친구들 사이에서 우월감을 느끼고 싶은 거죠.

저는 이게 강남에 살고자 하는 또 하나의 이유가 되지 않을까 생각해요. 성적표를 갖고 싶은 거죠. 다른 사람보다 우월하다는 성적표. 양질의 주거혜택은 후순위에요. 미래의 가치를 보고 투자하는 것도 아니에요. 일단 다른 사람보다 낫다는 걸 확인받고 싶은 거죠. 판단의 기준이 자신의 '가치'가 '눈치'예요. 남들의 눈치가 기준인 거죠.

존리 주식도 마찬가지고, 모든 것을 판단할 때, 어느 것이 더 유리한가를 생각하지 않았기 때문이에요. 사고가 오랫동안 박스에 갇힌 새와 같은 거죠. 오랫동안 갇혀 있던 새는 새장을 열어줘도 못 날잖아요. 다양성이 없는 거예요. 내가 하고 싶은 게 뭔지 알고 있으면, '너는 왜 거기 복잡한데 살어? 나는 가정집이 좋은데?'라고 말할 수 있죠.

그런 균형적인 생각을 못하는 거예요. 부동산 영끌도 너무 신기한 거예요. 선택이 있다는 것을 미처 깨닫지 못하는, 교육을 받지 못해서 이기도 합니다. 특히 금융 교육의 부재로 기회비용이라는 개념이 없는 것이 문제라고 보여집니다.

경직된 한국의 노동시장

한국의 노동시장은 직업에 대한 다양성이 부족하다.
여전히 화이트칼라와 블루칼라의 차별이 존재하고 경직된 노동구조로
직업 선택에서 자신의 능력보다는 사회의 서열에 따른 대기업 선호현상이
남아있다. 무엇보다 균형 잡힌 경제생활을 위해서는 올바른 금융 교육이
절실히 요구된다. 그래서 누구나 편견 없이 직업을 선택하고,
창업이 한때 거쳐 가는 직업의 도전장이 되지 않도록 산업 생태계의
유연한 다양성이 존중되어야 한다. 또한 '노동과 자본의 유연성'을
통해 경제가 순환되는 경쟁력 있는 노동시장으로 변화해야 한다.

직업의 다양성이 필요하다

존리 누구나 창업을 할 수는 있지만, 누구나 창업을 원하지는 않잖아요. 미국의 경우 월급받는 사람이 노후자금을 준비해야 할 경우, 가장 기본적인 게 401K(미국의 확정기여형 기업연금제도)입니다. 월급의 10%를 무조건 노후를 위해 투자하게 하죠. 미국에서는 모두가 능력도 다르고 목표도 다르죠. 중요한 것은 투자는 무조건 해야 한다는 것. 그 다음에 내가 혼자 열심히 일해서는 절대 노후준비는 불가능합니다. 나 혼자 열심

히 일하는 건 내 육체만으로 일하는 거잖아요. 육체는 늙고 투자할 수 있는 시간은 줄어들게 되어 있죠. 우리는 두 가지 소득이 반드시 있어야 합니다. 액티브(Active) 인컴과 패시브(Passive) 인컴이죠. 패시브 인컴은 투자를 통한 소득인데, 한국에서는 불로소득이라고 잘못 번역이 되는 바람에 부정적인 인식을 갖게 돼서 노후 준비를 미처 못하게 됩니다.

E	B
Employee 급여생활자	Business Owner 사업가
S	I
Self-employed 자영업, 전문직	Investor 투자자

이 그림이 핵심이에요[1]. 당신은 어디에 서 있을 것인가? 대부분 E에 서 있죠. E는 무엇이 문제일까요? 월급쟁이들은 세금을 가장 먼저 떼이고 소비비 지출할 때 공제가 안 되죠. 두 번째로 자기 인생의 주도권을 못 가져요. 회사가 그만 나오

[1]   내용 출처 :《부자아빠 가난한 아빠 2》, 로버트 기요사키, 안진환 옮김, 민음인.

라 그러면 나가야 하고, 월급도 회사가 정해주고. 우리나라 교육은 E에 맞춰져 있죠. 열심히 공부해서 남을 위해 일해라. 유대인은 그렇게 얘기 안 하거든요. '당신이 당신의 인생을 주도해라' 그러죠. E가 무조건 나쁜 건 아니죠. 처음엔 중소기업에 가는 게 좋은 거고, 거기서 많이 배우니까요. 대기업에 들어가는 이유는 멋있어 보이니까… 그것 때문에.

정수현 그것도 있고, 초봉의 차이가 커요. 그래서 친구 자녀들이 회사에서 일하고 있는데, 제 생각도 존리 선생님 생각과 같아요. 중소기업이 훨씬 다양한 일을 배울 수 있어요. 여러 가지 일을 모두 배우기 때문에 나중에 창업하기도 좋고, 다른 일로 전업하기도 좋은데, 우리나라는 대기업 위주라서 안 된다는 거예요. 그래서 왜 그러냐고 물어봤어요. 그랬더니 초봉의 차이가 너무 크다 보니까 출발선상에서 차이가 크고, 그게 나중에도 고정화될까 봐 부모 입장에서는 선뜻 중소기업에 가라고 못하겠다고 하더라고요.

김현주 저는 실제 여러 조직에서 일을 해보면서 느낀 바가 있어요. 저는 10인 미만의 작은 기업에서 시작해 200명 규모의 중소기업에서 일을 했습니다. 대기업은 사실 업무를 하면서 많이 접했고, 많은 이야기를 들었습니다. 그런데 아까 말씀하신 블룸버그, 샤넬 1등이 사실은 우리가 대기업을 지향하는 이유일 수도 있다는 생각이 들어요. 대기업은 확실히 초봉 차이도 있고 성과급도 다릅니다. 또한 우리나라 대기업의 대부분은 자회사가 있기에 기본 복지도 많이 다릅니다. 주변의 대기업을 다니는 친구들을 보면 대기업이 가진 모든 계열사의 것들을 굉장히 큰 할인을 받고 쓸 수 있는데, 중소기업은 내돈내산 해야 해요. 월급도 작은데 내가 성장하려면 돈을 쓸 수밖에 없고 그 테두리 안에 갇힌다는 느낌이 듭니다.

저 같은 경우 중소기업에서 높은 성과를 이루고 회사에 많은 이익을 내주었어도 사실 성과급을 받지 못했습니다. 그럼에도 불구하고 제가 월급쟁이가 되는 이유는 소속감과 조직에서의 이탈은 큰일 난다는 교육의 산물이라고 생각해요. 소위 월급쟁이가 되면 그나마 회사의 위치가 나를 설명해주는데, 불안정한 수입과 누군가를 책임지고 이끌어야 하는 사업자가 되어서, 실패할 수도 있는 모험을 하기에 겁이 많이 났습니다. 어렸을 때부터 부모님은 쉼없이 사교육을 시켜줬는데, 효도를 해야 하는 명분으로 회사를 다니는 게 맞을 것 같다며 스스로를 달랬죠.

그런데 요즘은 또 이런 분위기가 많이 바뀌었습니다. 저와는 다르게 몇 년 전까지만 해도 대학에서 창업을 육성하는 쪽으로 교육하였습니다. 그 결과로 많은 스타트업이 생기게 되었고, 저 역시 우연한 기회로 스타트업에서 일을 하고 그 회사가 성장하는데 많은 기여를 했었는데, 대부분의 동료들이 조직에서의 경험이 없다 보니, 기본기가 부족하다는 것을 많이 느꼈습니다. 그러니까 회사에서 배워야 할 가장 기본적인 것들을 못 배운 경우가 많아요.

우리나라는 무언가 유행을 하면 모두가 그것을 쫓아가는 특징이 있습니다. 창업의 유행(?)으로 많은 사람들이 창업을 하고, 치킨이 유행하면 모두가 치킨집을 차리듯이 각자의 기업에 대한 목표나 비전이 모호한 상태로 시작을 하는 것 같습니다. 창업 역시 기업을 세우는 기초가 되는 것인데 CEO 개인이 유명해지고 돈을 많이 버는 걸 목표로 하는 경우들을 제법 보았습니다. 기업의 철학이나 시스템을 가르치려고 하지 않고, 자꾸 유행만 따라 가니까, '이게 왜 이러지?' 하는 거예요. 무엇이 잘못 되었을까 생각해 보면, 사회적 분위기가 잘못된 것이라 생각합니다.

창업, 블루칼라/화이트칼라, 그리고 평등에 대하여

존리   미국에는 홈디포(Home Depot)라는 회사가 있어요. 목수 두 명이 만든 회사인데, 재미난 스토리가 있어요. 이 목수 두 명이 어느날 직장에서 해고가 됐어요. 그런데 그중에 한 명은 어머니를 모시고 살았어요. 당장 돈이 없는 거예요. 낙담이 컸다고 해요. 먹고 살아야 되잖아요. 어쩔 수 없이 창업을 해서 사람들한테 대패질하는 걸 가르쳐 준 거예요. "인건비 비싼데 네가 직접 하면 돼"라고 하면서. 배우려고 하는 사람들한테 대패를 팔기 시작했어요. 나무도 팔아요. 무료로 알려주면서. 그 다음엔 페인트. 그래서 하나하나 가르쳐 준 거예요.

제가 처음에 미국에 갔을 때가 1980년인데, 집에 뭐가 문제가 생기잖아요. 그러면 동네 철물점 가면 없는 게 더 많죠. 규격이 다르기도 하고. 근데 홈디포 가면 다 있는 거예요. 자동차 타고 한 시간이면 가니까. 지금은 홈디포가 동네마다 있어요. 그러니까 창업 아이디어가 거창한 것 같지만 조그마한 아이디어로 시작할 수 있어요.

창업 아이디어는 다른 게 아니라, 사람들이 불편한 걸 고치는 거예요. 에어비엔비나 우버도 마찬가지에요. 아이디어는 굉장히 간단하죠. 내가 차를 갖고 있는데 출퇴근 때 빼고 쓰지 않는데 나머지 시간에 쓸 방법이 없을까? 에어비앤비도 방 2개인데, 하나 빌려주면 안 될까? 그걸 어떤 사람들이 하느냐? 남들과 다른 생각을 하는 사람들이 하죠.

정수현 저는 한국도 유럽처럼 직업교육학교를 활성화시켰으면 좋겠어요. 한국에 예술고등학교는 많이 생긴 것 같은데 배관공, 용접공, 인테리어 같은 걸 가르치는 다양한 직업학교는 아직 별로 없거든요. 유럽처럼 직업에 대한 교육을 제도화했으면 좋겠어요. 중학교 시절부터 다양한 직업교육을 체험시키고 육성화 하는 방향으로 나갔으면 좋겠습니다.

얼마 전에 유튜브에서 프랑스 지붕 장인이 한국에서 활동하는 것을 보았습니다. 굉장히 자부심이 있었고, 일을 하는 동안 행복해 보여서 제가 자주 채널을 방문하고 존경하는 마음을 가지고 보고 있습니다. 의사, 교수, 검사, 변호사, 국회의원, 공무원 등만이 중요하고 필요한 직업이 아닙니다. 우리 사회는 미화원, 도우미, 구두닦이, 미용사, 배관공, 큐레이터 등등 굉장히 다양한 직업군과 같이 더불어 살아가는 사회입니다. 그런 분들이 우리 사회에 존재하지 않는다면 굉장히 불편할 것입니다. 한 분야에서 십 년을 공부하고 일했다면 어느 정도 월급도 지불하고 존경받아야 한다고 생각합니다.

이밖에도 다양한 직업에 대한 교육을 제도화했으면 좋겠어요. 저는 블루칼라도 해보고, 화이트칼라도 경험할 수 있었는데, 우리 사회는 탑다운 사회잖아요. 블루칼라는 오히려 화이트칼라가 사무실에 앉아서 넥타이 매고 편하게 돈을 번다고 생각하는 경향이 있어요. 제 경우는 정신적인 스트레스는 회사에 근무할 때가 훨씬 더 많았었습니다. 서로의 직업에 대한 상호 존중과 이해가 필요하다고 보입니다.

직접 집수리를 한 적이 있는데, 제대로 일을 안 해놓고 무책임하게 해놓는 경우가 많았어요. 그래서 건축이나 집수리 인테리어업자나 배관공에게 불만이 생겼습니다. 믿지 못하는 사회라는 불신감이 생긴 거죠. 그래서 이 일이 도대체 어떤 일인가 해서 직접 몸뻬 바지 입고 타일 일을 해봤거든요. 그때 느낀 점이 유럽처럼 중·고등학교부터 직업교육을 해서, 마이스터를 인정을 해주고, 개런티를 해주면 페이도 그만큼 주잖아요. 아무리 부자나 대통령이라도 집을 고쳐야 살 수 있는 것처럼, 이런 것을 일정 부분 교육을 제대로 해주고, 사회적으로 인정해주고 존중해주는 그런 분위기가 되어야 겠다고 생각했어요.

교육하시는 분들이 여성들의 교육도 중요하지만, 직업교육도 해주시면 어떨까. 지금의 대학 교육은 너무 현실성이 없잖아요. 사회에 나와서 다시 그 분야에 대해서 공부를 해야 한다면 사회시스템이나 국가적으로도 이중 손실이 큰 거 같습니다. 국가가 나서서 교육부에서 적극적으로 중학교부터 직업교육을 50% 이상으로 채워야 한다고 생각합니다.

21세기에는 AI 산업이 국가 생존 전략에 중요하다고 들었습니다. 지금은 미국에서 전 세계 AI 인재들을 끌어들이고 있습니다만, 만약 한국에 AI 산업 중학교, 고등학교, 대학교가 생긴다면 상상만으로도 한국의 미래가 밝아질 것 같습니다.

김세환 직업교육학교 설립이 필요하다는 것은 전적으로 동의합니다. 하지만 기존의 교육방식으로 진행된다면 오히려 반대입니다. 직업에 대한 귀천은 없다는 의견에도 전적으로 동의합니다. 하지만 직업학교에서 아이들을 가르치는 사람들이 교사라면 이미 한정된 직업이기에 올바른 직업교육이 될 수 있을지 의문입니다.

저는 학교 교사임에도 불구하고 여전히 부족함을 느끼고 다른 것들을 배우기 위해 끊임없이 시간과 에너지를 투자하고 있습니다. 그럼에도 불구하고 학교는 쉽게 바꾸기 어려워요. 여전히 더 나은 것을 지향하고 더 나은 사회를 만들기 위해 학교에서 수없이 노력하지만, 학교를 바꾸는 건 정말 쉽지 않아요. 왜냐하면 교사가 바뀌지 않으니까요.

교사도 올바른 방법이 무엇인지 배운 적이 없으니까요. 교사 모두가 직업교육을 받아야 한다고 생각합니다. 직업교육을 받아야 미래에 아이들이 사회에 나와 자신만의 자유로운 삶을 만드는 올바른 방법을 알려줄 수 있다고 믿습니다. 마치 우리가 경제적 자유를 위해 올바른 투자 방법을 배워야 하는 것과 같다고 생각합니다.

직업교육을 위한 학교를 설립하는 것의 대안으로 학교 안에서 직업교육을 실시하는 경우도 있습니다. 진로에 대한 다양한 접근을 시도하고, 다른 외부 전문가를 초빙합니다. 직업교육에 대한 방향은 맞을지 모르나, 일회성으로 끝나는 경우도 많이 보았습니다.

직업교육에서도 학교 안에서 실시하거나, 새로운 학교를 설립하는 것은 모두 한 가지 방법에 지나지 않는다고 봅니다. 무엇보다 중요한 것은 얼마나 오랫동안, 옳은 방법으로 실천하는지에 달려있다고 생각합니다.

정수현 그러니까 현장에서 20년, 30년 일한 전문가를 초빙해서 일정 부분 강사교육 후 현장 교육을 담당하게 해야지요. 한국에서 문제가 대학교수를 논문 편수로 뽑기도 하고 업적 평가가 이루어진다는 것입니다. 현장 경험이 있으면 논문을 쓸수가 없고 논문 편수가 많으면 현장 경험이 없다는 아이러니가 생깁니다. 직업교육은 필히 현장 경험이 있는 종사자가 되도록 제도개편이 이루어져야 합니다. 교수나 교사도 현장에서 취업을 받아줘야 하고, 실무에서 일한 기술자나 전문가를 학교에서도 교사나 교수로 학위 없이 인정해줘야 합니다.

존리 유대인들은 역사적으로 계속 학대를 받아왔기 때문에 기술 하나는 꼭 가지고 있어요. 예를 들어 배관이라든가 이런 거는 너무 자연스럽게 알게 되는 거죠. 미국 아이들을 보면 자연스럽게 습득하는 경우도 많아요. 차를 가지고 가다가, 차가

서면 미국에서는 대부분 스스로 고쳐요.

정수현 작업의 완성도나 숙련도에 비해서 인건비가 많이 올랐다고 생각합니다. 하는 일에 비해서 너무 비싸다고 생각합니다. 저는 문제가 있다고 봐요. 물론 전부 그런 분들만 있는 것은 아니지만요.

존리 저도 파주에서 집을 짓다 보니까, 전기 고치는 사람이 왔는데, 70대에요. 근데 전기에 대해서 너무 모르는 거예요. 그리고 아침 10시에 와서 5시에 가요. 그래서 이거 젊은 사람들이 하면 대박이다. 젊은 사람들이 조금만 전기를 배우면 아무것도 아닌 일인데 하루에 몇 십만 원 받거든요. 그러니까 왜 월급 받는 일을 해요?

정수현 우리나라도 충분히 그런 일 하고서도 화이트칼라보다 더 많이 벌 수 있어요. 우리 애가 미국 유학 갔는데 만약에 하고 싶다면 집수리 배우라고 할 거예요. 겉으로 먼지가 나고 거칠어 보이고, 계절적인 요인도 있겠지만 성실하고 정직하게 일을 하면 고객은 많아질 것입니다. 실제로 배관 하시다가 주택 사업으로 부자가 되신 분도 만나봤습니다.

김현주 저는 100억짜리, 30억짜리, 50억짜리 공사의 현장 감독이었어요. 제가 그런 견적을 내는 사람이었고, 지금 많이 올라서 기술자가 50만 원, 전문 목수는 50만 원, 목수 밑에 시다 분들은 25~35만 원 선에서 해요. 요즘 친구들은 도배기능사 자격증도 많이 따고, 그런 콘텐츠들도 많이 만들고 있어요. 왜냐, 직장 가봐야 별거 없다는 거 아니까. 내가 노예가 된다는 거 너무나 잘 알거든요. 요즘에 가장 재밌는 게 '조용한 사직'이에요. 아까 말씀하신대로 난 5개 했는데 왜 3개를 더 줘, 내가 5개 하든, 3개를 하든 내 월급은 똑같은데, 그 마인드가 있기 때문이에요. 요즘 열정 많은 팀장 안 좋아해요. 넘버 원 되서 성과급 주는 팀장, 안 좋아해요. 성과급 조금 줘도 내 욜로 라이프, 애프터 라이프가 있어야 하는 게 요즘 친구들이에요.

존리 근데 미국하고 다른 게, 내가 처음 메리츠에 부임했을 때 너무 몰랐어요. 성과가 제일 좋은 사람과 나쁜 사람의 차이가 200만 원밖에 안 돼요. 저는 잘하고 열심히 일하는 사람한테 1억을 주고, 못 하는 사람한테 아주 조금 줬어요. 저는 당연하다고 생각했지만 직원들은 이해하지 못한 것 같아요. 열심히 일한 사람과 그렇지 않은 사람의 급여 차이가 없으면 그 회사는 희망이 없어요. 제가 메리츠를 그만두게 된 계기도 저성과자들의 모함으로 쫓겨나게 된 거죠. 한국은 평등에 대한 개념이 잘못되어 있어요.

김현주 기본적으로 블루칼라는 화이트칼라처럼 매일 일하지 못해요. 한 달에 한 번 있을 수 있고 그리고 체력으로 하시는 분들이기 때문에 일주일에 5일 이상 6일 7일 하면 번아웃이 돼서 체력적으로 안 돼요. 그리고 환경적으로 화이트칼라는 요즘 예쁘게 잘 차려진 업무 환경이라는 게 있잖아요. 근데 이분들의 업무 환경은 주로 다 오픈되어 있고 가장 더러운 걸 눈앞에서 몸으로 겪으시기 때문에 이분들이 한번 곤조를 부리기 시작하면 끝도 답도 없어요. 왜? 이 사람이 계속 여기서 전기를 이어가던 게 있기 때문에 이 사람이 되게 중요하거든요. 이 사람이 개별화가 되어 있기 때문에, 탕진을 하는 게 아니라 몸이 피로해서 술을 먹을 수밖에 없어요.

근데 제가 영국에서 되게 놀랐던 건 뭐냐면, 굴뚝 공사를 하는데 우리나라는 굴뚝 공사할 때 돔을 안 치거든요. 그런데 영국에선 그 돔에서 먼지 환경을 다 빼요. 근데 우리나라는 작업자가 그 먼지를 다 먹어요. 영국은 현장 노동자들을 존중하기 때문에 안전 규칙 안에서 그 돔 안에서 먼지가 다 나갈 수 있게끔 해줘요.

정수현 그게 문제가 아니라, 직업교육을 정식으로 안 받아서 그래요. 어깨너머로 대충 배워서 자격증도 없이 얼렁뚱땅 하고 대충 넘어가는 방식으로 일을 하시는 분들이 많아요. 유럽이나 일본도 잘 되어 있지만, 미용을 할 때도 빗자루질과 같은 바닥교육부터 시켜요. 정신 교육, 도덕 교육, 그런 것을 직업교육 안에서 체계적으로 이뤄지게 하고, 나중에 졸업을 하면 거기에 상응하는 대가를 지불하는 선순환 구조의 사회를 시스템화 했으면 하고 위정자들에게 바래봅니다.

김현주 우리나라도 차홍 같은 미용실은 미용 교육도 엄청 잘 되어 있어요. 그런데 상황에 따라 달라지지만, 중요한 건 블루칼라는 매일 일을 할 수 없다는 거, 그리고 마인드 교육은 사람마다 다른 것 같아요. 인테리어 광고할 때 신뢰를 강조하는 것도 그 때문이에요. 요즘 이슈가 되고 있는 것은, 지금은 공사현장에 40-50대 이상밖에 없어요. 왜냐하면 20-30대가 없어요. 그러니까 자꾸 50대, 60대, 70대 분들을 쓸 수밖에 없어요.

존리 그러니까 다양성이 없는 거예요. 사람들은 돈에 의해 움직이잖아요. 그런데 왜 직업 선택할 때 돈을 고려하지 않을까. 예를 들어서 자산운용사의 펀드매니저는 다른 직종에 비해 동그라미 하나 더 붙어요. 저도 혜택을 봤죠. 헤지펀드매니저는 탑이에요. 미국에서는 흔히 몇 백억씩 버는 거예요. 왜 그럴까,

궁금하잖아요. 그건 확장성 때문이에요. 확장성이 없는 직업은 시간당 급여를 받는 거예요. 평생 남들이 시키는 일 해야 하는 직업은 멀리해야 해요. 왜 금융이 중요한지 알게 되죠. 확장성이 훨씬 크잖아요.

김세환 저는 교사, 그 중에서 체육을 담당하고 있어요. 어쩌면 앞에서 말한 주제에서 구분하자면 저는 몸을 쓰고, 매일 땀 흘리며 일하기 때문에 블루칼라에 해당할 거 같아요. 그리고 시험이 중요한 대한민국에서 체육은 아직까지도 가치를 제대로 인정받지 못하는 분위기가 있어요. 일종의 차별이죠.

　　그래서 저는 이 차별을 줄이기 위해 더 열심히 일해요. 저는 현재 중학교에서 근무 중인데 다른 학교에서 오신 선생님들이 말하길 이 학교는 체육 중학교 같다고 해요. 아침 7시부터 저녁 6시까지 체육을 하니까요.

　　그런데 저는 제가 생각하는 것보다 적은 월급을 받고 일해요. 제 가치는 높아지고, 제가 하는 일은 정말 가치 있는 일이지만, 제대로 된 가격을 받기 어려워요.

　　그래서 요즘 더 공무원이라는 직업에 대한 관심이 식은 게 이해되기도 해요. 어쩌면 좋은 신호라고 생각해요. 혹시라도 교사 또는 공무원을 희망하는 사람들이 직업을 고를 때 돈을 조금 더 중요하게 생각했으면 좋겠어요.

한국의 노동시장에 대하여

장서우 얘기를 들으면서 노동자가 없으면 우리가 투자할 투자처가 없어지는 건데, 약간의 모순이 있다는 생각이 드네요. 우리가 모두 투자자가 되는 길에 있어서, 사분면 그래프의 E(급여생활자)와 B(사업가)를 겸업할 수 있는 마인드를 주는 게 중요하다는 생각이 들어요.

존리 좋은 지적이에요. 노동뿐만 아니라 자본에 대한 이해가 중요해요. 돈을 일하게 하는 기본원리를 이해해야 해요.

장서우 저도 어리다 보니, MZ세대를 주로 고용을 하는데, 이 친구들이 노동시장에 대한 로열티가 없어요. 자기가 그만두면 원래 실업급여 못 받지만, 받게 해달라고 이야기를 하는 거예요. 그게 당연한 권리라고 생각하는 거예요. 그건 또 제가 주는 게 아니고, 나라에서 주는 건데, 받게 해주고 싶지만, 그건 또 아니잖아요. 사람이 직업을 바꾸거나 하는 건 인생에 있을 수 있는 일이니까 실업급여의 제도에 대해서는 존중을 해요. 하지만 이건 다른 문제이긴 하지만 욜로 라이프를 추구하는 MZ세대 때문에 저는 고용의 안전성을 추구할 수가 없어요. 이런 부분들은 창업자로서는 힘들죠.

투자하는 것도 물론 좋은데 뭔가 겸업할 수 있으면서 나의 직업을 메인으로 유지를 하고, 자유롭게 할 수 있는 노동 시장도 유연한 게 추가가 되면, 근로시간을 좀 더 자유롭게 할 수 있다든지, 이런 제도적인 것들과 함께 되어야 할 것 같아요. 그래야 투자로 우리의 미래 가치를 좀 더 높게 지향할 수 있지, 우리가 "다 투자해요, 투자해요" 하면 노동자들이 없어지는 것처럼….

존리 투자를 강조한다고 해서 노동자가 없어지지 않아요. 자본가 뿐만 아니라 노동자도 투자를 해야 해요. 밸런스 있는 라이프를 살아야 되는데 금융 교육을 안 하다 보니까, 열심히 공부해서 취직하는 게 인생 목표가 되는 게 전부가 된 굉장히 잘못된 판단을 하는 거죠. 그리고 다양성에 대한 얘기, MZ세대가 오너십이 없는 이유는, 금융 교육을 못 받아서 그런 거라고 생각해요. 평생 다들 너무 사교육에 치중해 공부를 하다 지친 거죠. 왜 그런 말 있잖아요. '하마터면 열심히 일할 뻔했다'.

'열심히 하지 마' 일본이 그랬거든요. 일본이 불과 15년 전에는요. 하도 회사에서 일을 빡세게 시켜서 자살률 세계 1등이었어요. 빌딩에 올라가서 투신자살이 빈번했어요. 그래서 일본이 심각한 사회 문제가 되니까 기업들에서도 이제 젊은이들을 그렇게 시키지 못했죠. 80년대와 90년대에는 극과 극을

달리고 있었던 것이 일본이었어요. 일본에서는 신입사원 들어오면요. 버스에서 물건을 팔게 했어요. 신입이 얼마나 용기 있게 물건을 팔 수 있는지 시험하는 일종의 사무라이 정신 같은 거죠. 말도 안 되는 얘기죠. 합리적이지도 않고 편협한 시스템이죠.

돈에 대한 교육, 다양성, 자신이 원하는 것에 대한 성찰을 해야 현명한 직업 선택을 할 수 있어요.

이런 정도의 상식만 있으면 직업을 선택하는 거, 매일매일 우리가 결정하는 거, 우리가 택시를 탈까 걸어갈까 버스를 탈까, 차는 사야 될까 없어도 될까, 끊임없이 그런 결정을 내릴 때, 이런 기본적인 기준만 갖고 있으면 훨씬 더 합리적인 선택을 할 수 있어요. 우리 아이들도 지나친 사회적 구속에서부터 해방될 수 있죠. 52시간제 근로를 못 하게 하는 것이 잘못된 법이라고 생각해요. 근로시간은 법으로 정하는 것보다는 알아서 스스로 결정하는 것이 좋다고 생각해요. 남을 위해 40시간을 일할 것인지 자신을 위해 100시간을 일할 것인지의 판단은 자신이 결정해야 해요. 너무나 많은 젊은 사람들이 노동에 대한 잘못된 메시지를 받고 있어요.

여성이 변해야
한국이 산다

앞으로 10년이 한국 경제의 결정적인 변곡점이 될 것이다.
지금 한국은 네덜란드, 영국, 미국, 홍콩, 싱가포르에 이어 금융으로
세계에 영향을 끼칠 수 있는 강대국의 위치에 서야 한다. 이 시기에
한국이 변화하려면 여성이 변해야 한다. 여성들의 역할이 필수적이다.
그 변화의 중심에는 여성들의 금융 지식 확보를 통한 경제독립이 필수이다.
이제 한국의 가정주부들이 주식 투자를 하고, 딸들이 펀드매니저도 되고
자산운용사도 설립해 3만 불 시대에 걸맞는 경제참여를 이뤄내야 한다.

자녀가 원하는 것을 배우는 공부가 필요하다

존리　인구가 감소하는 걸 멈추게 하는 건 딱 하나밖에 없어
요. 이상하게 들릴 수도 있지만 시험을 없애는 거예요. 아이들
을 그만 괴롭혀야 됩니다. 세계는 급속도로 변화하고 있고 다
양성이 아주 중요한데 한국만 유일하게 시험점수에 매달리고
있죠. 태어나서부터 시험에 시달리고 취직까지 시험에 시달리
는 나라는 한국이 유일해요.

정수현 저는 시험도 없애고, 외국처럼 직업학교를 많이 활성화시켜야 한다고 봐요. 덴마크 같은 경우는 굴뚝 청소부도 제대로 대접을 받아요. 연봉도 들어보니 몇 년 전에 4만 불이라고 그랬거든요, 그래서 아빠가 딸에게 굴뚝 청소를 권해서 부녀 청소부를 봤어요. 교수, 의사, 변호사의 월급과도 큰 차이가 없는 액수에요. 교수나 의사 이런 사람들은 그냥 명예로 살아가게 해요. 덴마크는 의사도 뺑뺑이(추첨)로 뽑는다고 해서 정말 놀랐어요. 그래서 그 사람들은 직업에 큰 차이가 없다는 기본적인 생각을 가지고 있는 것 같아요. 우리나라도 점차 그렇게 모든 사람들이 각자 행복한 시스템이 되면 자연스럽게 자식들을 많이 낳게 되겠죠.

존리 얼마 전에 교수님들에게 강의를 했거든요. 그때 제가 숫자로 보여줬어요. 교수 연봉이 얼마냐고 물으니까 7천만 원이라는 거예요. 많아야 1억이라고 해서, 제가 계산을 해줬어요. 교수가 되려면 초등학교 때부터 공부를 잘했을 것이고, 중학교, 고등학교, 대학교, 유학 가서 박사했을 거라고요. 학창 시절 사교육비, 박사학위 받을 때 유학비 다 합하고 훌륭한 실적을 얻는 고생까지 다 감안하면 금전적으로 손해라고요.

정수현 손해예요. 교직원보다 손해예요. 교직원은 27세부터

할 수 있는데 교수는 35세부터 해요. 그리고 돈이 더 들잖아요. 어떻게 보면 손해예요. 그런데 이 얘기했다가 엄청나게 지탄을 받았어요. 교수와 교직원을 비교했다고요. 물론 모든 것을 돈으로 계산할 수 없고, 교수가 되기 위해서 박사까지 십오 년간을 학문과 연구에 헌신한 점은 존경받아 마땅하지만요.

존리 강의에서 "당신들은 인생에 후회가 없냐?"고 물으니까, 처음으로 너무 후회된다는 얘기를 하는 거예요. 왜 그런 결정을 내렸을까, 아마 교수님들 자신들이 경험한 것을 자식한테도 지금 똑같이 하고 있을 거라고 했더니, 그렇대요. 애들 사교육비 때문에 퇴직금도 다 미리 쓰고, 애들 결혼자금 쓰고 돈이 없는 거예요.

김세환 진로 시간이라는 게 일주일에 한 시간씩 있어요. 저는 첫 시간부터 연달아 4시간은 애들이 지금부터 쓰는 사교육비부터 대학교 생활비까지 계산을 다 해줘요. 그러고 나면 애들이 너무 낙담을 해요. 열심히 공부하는데 나중에 졸업하면 빚이 생긴다는 사실에요. 어떤 학생은 매우 공격적인 태도로 저를 공격하기도 해요. 현실을 인정하기 싫은 거겠죠. 자신이 공부를 열심히 해서 좋은 대학교에 가고, 좋은 곳에 취직하면 부자가 될 거라는 환상의 나라에서 벗어나야 하니까 너무 불안

하고 힘들었던 거에요. 너무 안타까웠어요. 이 사실을 부모님이 알려주지 않는 것에 대해서도 굉장한 회의감이 있어요. 그래서 저는 애들한테 공부는 무조건 해야 된다, 근데 지금 말하는 그 공부는 국영수가 아니라 네가 원하는 것을 배우는 방법이다. 직업도 좋고 꿈도 좋지만, 그걸 찾아가는 과정에 대해서 공부를 하라는 거라고 얘기해요. 국영수만 하면 결과가 이렇게 나온다는 걸 애들이 수치로 보니까 확실히 느끼는 게 있어요.

학생 한 명이 나중에 경영학과 가서 사업을 하겠대요. 그래서 제가 "오케이, 그럼 선생님이 계산해줄게" 하고 계산했는데, 결론은 "네가 만약 통장에 1억 원이 있으면 굳이 대학까지 가야 사업을 할 수 있는 건 아니다"라고 얘기해줬어요.

사업은 당장 할 수 있는 건데 굳이 지금부터 한 달에 50만 원씩 학원비를 6년 동안 내고, 대학교에 들어가서 학기마다 500만 원이 넘는 돈을 4년 동안 낼텐데, 많은 돈을 벌고 싶다면서 왜 월급 받고 생활하는 방식대로 공부하는지 모르겠어요. 반드시 기회비용이 따르고 어떤 선택을 하느냐에 따라서 분명히 달라진다는 걸 알려주고 싶었어요. 지금 학원비가 미래의 자신의 사업 밑천이라는 걸 알았으면 좋겠어요. 지금 당장 통장에 1억이라는 큰 돈은 없지만, 아무 생각없이 학원에 다니는 것보단, 그 돈을 쓰지 않고 재저축하는 것만으로도 이미 1억을 모은 거나 다름 없다는 사실을 꼭! 아이들이 깨닫길 바라는 거죠.

부모님도, 다른 선생님들도 알려주지 않는 불편한 진실을 알려줘요. 정말 열심히 공부했지만 그 결과가 많은 자산이 아니라 빚 덩어리로 쌓일지도 모른다는 얘기를 해주거든요. 이걸 1년 정도 했을 때, 애들이 많이 바뀌어요. 진로 선택에 있어서, 정말 본질적인 것을 고민해보는 게 중요하다, 공부는 무조건 해야 하지만, 국영수만 하면 돈을 버는 것이 아니다, 그렇게 얘기해요.

정수현 우리나라는 수평적인 이동이 사실상 불가능한 아주 경직된 사회잖아요. 그래서 알게 모르게 모든 국민이 절망 속에서 살고 있다고 해도 과언이 아니에요. 철밥통이니, 헬조선이니 하는 말이 생기게 된 연유라고 생각합니다. 단순히 개인이 노력해서 될 문제가 아니라 국가가 나서서 시스템을 개편해야 된다고 봅니다.

제가 캐나다와 한국을 비교할 수 있는 기회가 있었어요. 캐나다에서 50세가 넘은 친구가 간호사 공부를 새롭게 시작하며 즐거워하는 것을 봤거든요. 깜짝 놀랐어요. 한국에서는 일어나기 힘든 일이잖아요. 학교의 과목별 학점과 사회와 기업의 경력을 서로 점수로 환산해 인정해주는 좋은 제도로 언제든지, 나이와 상관없이 어떤 직업으로든 이동할 수 있다는 것이 신기하고 새로웠습니다. 우리나라는 단 한 번의 시험과 선택으로 전 생애를 좌지우지하는 시스템으로 모든 젊은 이들에게 절망과 불공정, 불안을 야기시키는 거 같아요.

젊음이라는 패기로 여러 분야를 두루 섭렵하면서 경험을 쌓고, 자기에게 맞는 직업도 찾아가며 즐겁게 살아갈 수 있는 제도를 만들어야 하는데 힘들죠. 우리나라는 중간에 나온 사람은 회사로 갈 수도 없고, 회사 입장에서도 마찬가지로 자를 수도, 다시 또 고용할 수도 없잖아요. 이건 서로 너무 힘든 시스템인 것 같아요. 저는 나이와 상관없이 언제든 원하는 분야를 공부하고 취업할 수 있게 해야 한다고 생각해요.

존리 좀 유식한 말로 '노동과 자본의 유연성'이라고 제가 이번 책에도 넣었죠. 한국의 노동법의 문제가 '평생 고용'이에요. 여기서 한국 산업의 모든 정체의 원인이 생기는 거죠, 무엇이든지 순환이 되어야 해요. 순환하지 않거나 변화하지 않는 세포는 죽은 세포에요. 세포가 죽는 건 너무 당연한데, 세포가 안 죽으면 어떻게 되죠. 암세포잖아요. 특히 정규직, 비정규직으로 나뉘는 것도 너무 이해가 안 가요. 해고를 못하는 것이 노동자들을 보호하는 것 같지만 한국의 노동법은 결과적으로 노동자들에게 절대 불리하죠.

미국 같은 경우는 수천 개의 회사가 매일 망하고 수천 개의 회사가 새로 생겨요. 그 과정이 뭐냐 하면 좀 더 부가가치가 높은 데로 산업이 이동되는 거죠. 옛날에는 돈을 잘 벌었지만 더 이상 경쟁력이 없는 기업은 죽는 거죠.

일본은 좀비 기업이 많아요. 망했어야 되는데 안 망하는 거예요. 왜냐면 이자율이 싸니까. 새로운 부가가치가 높은 기업으로 자본과 노동이 이동해야 하는데, 그게 안 되는 거죠. 가장 노동 유연성이 낮은 나라가 한국하고 일본이죠.

대기업에 정부가 지원을 해주는 것도 사실 국가 경제에 너무 큰 빚을 지는 거거든요. 정부가 그렇게 하는 것도 다 고용안정 때문에 그렇게 한 거예요. 자연스럽게 노동과 자본이 움직이는 게 가장 중요해요. 오히려 해고가 쉬워야 고용이 쉬운 거예요.

정수현 캐나다는 주급 또는 2주 만에 급여를 받는 곳도 있고, 급여제도도 유연하더라고요. 저는 이해를 못했어요. 주급을 타서 생활하는 사람들을 한국에서는 상상도 못하잖아요. 근데 애들이 정말 해피한 거예요. 그리고 해고되는 경우도 많아요. 우리나라에서는 어떤 사람이 나를 해고하면 앙심 품고 다음에 안 보잖아요. 그런데 해고된 사람하고도 같이 밥 먹고, 잘 지내는 걸 보고 이해가 안 됐어요. 고용이 유연해서 언제 어디서든 취업이 되니까 그런 것 같긴 해요. 그래서 더 적재적소에 인원이 배치가 되는 것 같기도 해요.

캐나다는 40세든 50세든 다시 학교로 돌아갈 수 있는 기회를 열어주고, 또 서로 인정하는 사회제도가 돼 있더라고요. 우리나라도 고등학생일 때 대학을 갈 이유가 없다고 느끼면, 사회생활을 하다가 학교에 들어갈 수 있으면 좋겠어요. 공부를 조금 더 하고 싶으면 그동안의 사회 경험을 인정해 주면서 대학에 돌아갈 수 있게 한다든가. 사회와 학교의 호환시스템이 구축이 되고 평생교육과 사회에서의 자아 실현이 융통성 있고 손쉽게 실현이 되는 한국 사회를 만들었으면 하는 바람을 가져봅니다.

존리 제 옆방에 있던 펀드매니저가 나이가 한 마흔이었는데, 펀드 운영을 잘해서 돈을 많이 벌었어요. 그런데 갑자기 사표를 내는 거예요. 알고 보니 평생 꿈이 초등학교 선생님이 되는 거였어요. 자신의 철학이 뚜렷해서 존경스러웠죠. 교사가 되고 싶었지만 경제적으로 여유있는 직업을 선택한 후 과거에 하고 싶은 일로 돌아간 거죠. 돈에 대한 영리한 선택을 한 것이죠.

정수현 우리나라는 절대로 안 돼요. 우리나라에서 사회생활 하다가 초등학교 교사를 할 수가 없잖아요.

존리 '다른 사람이 어떻게 볼까' 하는 게 중요해서 어려운 거지만, 결국은 편견이에요. 편견을 어떻게 없애냐의 문제죠. 이 부자학교 제목도 원래는 '편견'이었어요. 그러다가 출판사에서 얘기를 해서 이름을 바꿨어요.

우리는 편견이 많은 사람들인데, 편견만 없으면 돈 벌데가 많아요. 지금도 한국에서 부자되는 건 굉장히 쉽다고 생각해요. 우리 한 사람, 한 사람, 다 귀한 존재잖아요. 중요하잖아요. 항상 옆에 있는 사람과 비교하는 건 정말 없애야 해요.

정수현 사농공상, 그런 게 너무 뿌리 깊은 것 같아요. 국영수 잘하는 사람만 있으면 안 되고, 노래, 미술, 청소 잘하는 사람, 이렇게 다양한 사람이 있어야 사회가 유지가 되는데 말이에요. 국영수 잘하는 학문뿐만 아니라 노래, 그림, 요리 등등도 모두 전문 분야고, 유명해지기 전까지는 엄청난 고난과 노력이 필요합니다. 이런 것들이 모두 존경받아 마땅합니다. 직업 다양성이 정말 중요한 거 같아요. 그리고 귀신도 모르는 직장이 많아요. 도로에 선 긋는 직업 아세요? 일당이 어마어마하더라고요. 물론 위험수당이 있을 수 있겠지만요! 고등학교부터 직업학교를 해서 거기 나온 사람은 어느 정도 사회적으로 인정을 해주면 모두 행복한 사회가 될 것 같아요. 국영수 잘해서, 서울에 있는 SKY 나와야 하고, 그 대학에 못 들어가는 사람은 패배감으로 살고, 결혼도 안 하고, 남녀가 만나도 그게 핸디캡이 되더라고요. SKY나 명문대를 나온 사람은 자랑하고 그렇지 못하는 사람은 배우자 선정도 힘들고, 자식도 안 낳으려고 하는 것 같기도 해요. 어떤 코미디언의 말처럼 일등만 존중해주는 '더러운 사회'는 바람직하지 않습니다. 메이저리그와 마이너리그가 더불어 공존해야 건강하고 행복한 사회가 된다고 생각합니다.

김현주 저는 42살에 대학원을 갔어요. 대학 교수님 입장에서는 학자를 키워내는 게 중요하니까 풀타임 공부할 수 있는 어린 친구들을 키워내고 싶으신 게 있어요. 그러니까 저 같은 경우는 '스스로의 만족을 위해서 왔구나'라고 생각하시는 경우도 있는 것 같아요. 물론 그게 편견이라고 생각하지는 않아요.

　이번에 저와 여행을 같이 간 분들 중에 '이우학교'[2]라는 대안학교에서 20년 동안 가르친 선생님이 계셨어요. 그분들이야말로 다른 시도를 하시는 분들이잖아요. 대안학교 자체가 서로 마음이 맞는 사람들끼리 직접 운영을 하면서 각 학생의 특성에 맞는 교육을 하는 거니까요.

　그분에게 20년이 지난 지금 학생들이 어떻게 됐냐고

2　　https://www.2woo.net

누가 질문을 했어요. 지금 20년이 지났으니까, 이들도 사회의 조직으로 들어와야 하잖아요. 문제는 이것도 편견이 입혀지는 거잖아요. 그 결과를 들어 보니, 이 아이들은 그나마 부모와 학교가 깨어 있는 교육을 한 덕분에 인권 변호사를 한다던가, 각자 원하는 직업을 가지고 있대요. 하지만 기존의 사회 시스템 안에서, 조직에 맞춰 가는 것에 대한 어려움은 여전히 가지고 있다고 하시더라고요. 그래서 이분들도 학교를 앞으로 어떻게 운영해야 할지 고민이 많다는 얘기를 하시더라고요.

내가 지금 당장 해야 할 것에 집중하라

김현주 저희 다음에 같이 읽는 책이 《리치 우먼》이잖아요. 저는 미리 좀 읽었는데, 제가 이 책의 저자인 킴의 입장이면 굉장히 부지런해야 할 것 같다는 생각이 드는 거예요. 자기가 투자하는 그 동네를 찾아가 동네에 대한 흐름을 보고, 이 집을 샀을 때 월세가 잘 들어오겠다, 안 들어오겠다에 대한 판단 그리고 이 집을 어디를 고쳐야 되겠다라는 판단, 시시각각 변하는 시장의 흐름도 알아야 하고, 그만큼 트렌드도 잘 알아야 하고, 주식을 스타트업에 투자를 한다고 하더라도 그 흐름을 굉장히 잘 알려면 부지런하게 공부를 해야 되거든요.

이 책을 자세히 안 읽어보면 마치 봉급생활자보다는

그냥 투자하는 게 더 편해라고 생각할 수 있는데, 저는 오히려 이 책 보면서 너무 부지런하다는 생각을 조금 많이 했었어요. 제가 어젯밤에 jtbc에서 특별 기획으로 〈세계의 전쟁〉이라는 프로그램을 봤어요. 손석희 씨가 나왔는데, 1부가 우크라이나 전쟁에 대한 얘기였고, 2부는 미중 갈등에 의해서 대만 전쟁이 일어났을 때 한국에 미치는 영향, 그리고 3부가 기후 변화로 인한 디스토피아였어요.

제가 친환경 업사이클 회사에서 일하면서 기후 변화에 대한 공부를 조금 하긴 했었는데 좀 무서워요. 사실은 되게 심각하기도 하고. 지금 당장 이 동아시아에서 일어난 전쟁판도 되게 무서워요. 저는 단순해서, 그럼 나도 당장 우리 동네 주변에 한번 있는 아파트 빌라 좀 알아볼까 라고 했을 때 여러 생각들이 들었습니다.

지금 금리가 이렇게 오를 줄 몰랐고, 만약 전쟁이 나면 어떻게 그런 데서 유연하게 현금 흐름을 완성하지? 또 다음 넥스트 코로나 없겠어요? 또 있지. 지금 너무 급변하고 있어서 사실 인도양에서 2도가 올라가게 되면 환경에 엄청 큰 영향을 주는데는 예를 들면 지난 호주, 하와이의 큰 화재가 있습니다. 사실은 거기는 아예 자연 재생하기 어려워요. 이렇게 급변하는 상황에서 선생님처럼 전체 시장을 보시는 분들은 이런 현상에 대해 어떻게 생각을 하시는지 궁금해요.

존리　이게 굉장히 중요한 포인트인데, 매스컴에서 나오는 이야기는 굉장히 매크로한 얘기만 해요. 사람을 아무것도 안 해야겠다는 생각이 들게 해요. 쓸데없는 걱정을 하게 만들어서 자포자기하게 만들어요.

주식 투자 하면 안 된다고 하는 사람들의 얘기가 뭐냐면, "야 20년 전에 투자했는데 지금 없어진 회사가 한두 개가 아니잖아". 들으면 그럴 듯해요. 근데 전혀 그렇지 않거든요. 그러니까 세상이 시간이 지나면 사람들이 좀 희미해지는 거예요. 옛날에는 우리가 노동력으로만 돈을 벌었는데, 잘 생각해 보세요. 옛날에는 한 80~90%가 농부였죠. 그때 사람들은 굶었어요? 안 굶었어요? 굶었죠.

지금 농업 종사하는 사람은 20%도 안 되죠. 근데 먹는 거 문제 없죠. 왜냐면 사람들이 많이 똑똑해지고 생산성이 증가했기 때문이죠. 산업이 발달하고, 과학이 발달해서 사람들이 농사 안 지어도 돈을 벌어서 쌀을 사는 게 문제가 안 되서 그런 거거든요.

미국은 쌀농사를 못하게 하려고 골프장으로 만들었어요. 무슨 일이든 극단적으로 일어나는 경우는 없어요. 그런데 매스컴을 보면 당장 우리나라 망할 것 같아요. 그래서 너무 매크로한 것에 신경 쓰지 말고, 내가 지금 당장 무엇을 하고 있나? 내가 지금 뭘 잘못하고 있나? 그런 거에 포커스를 맞춰야죠.

내가 노후준비를 하고 있나, 다양성 있는 생각을 하고 있나, 확장성 있는 직업을 가지고 있나, 그런 생각을 해야 해요. 그러면 사람들이 이거 왜 안 할까? 내가 이거 해야겠다. 신나는 거죠. 창업 아이디어가 대부분 일상적인 거잖아요. 사람들의 삶을 어떻게 하면 도울 수 있을까를 생각하면 훌륭한 창업 아이디어가 생깁니다. 미국의 대부분의 창업스토리이기도 하죠.

한국 여성이 변하면 한국 경제가 발전한다

존리 이제 새로운 십년의 시작인 거예요. 앞으로 우리나라 십년이 결정적일 겁니다. 금융이라는 건 사람의 피와 같은 거예요. 피가 안 돌아가면 동맥경화가 걸리고 그러잖아요. 피가 맑아야 하잖아요. 금융이 발달한 나라는 항상 세계를 지배했어요. 네덜란드, 영국, 미국, 홍콩, 싱가포르, 이제 한국이 금융을 알아야 하는 거죠.

다음 모임에서 《리치 우먼》이란 책을 고른 이유는 한국이 변화하려면 여성들이 변화해야 한다고 생각해서였어요. 저는 여성들의 금융 지식이 많은 나라일수록 그 나라의 경쟁력이 높아진다고 생각해요. 워밍업이라고 생각할 수 있을 것 같아요.

우리나라 여성들이 경제독립에 대한 중요성을 알게 되면 좋을 것 같아요. 블룸버그에서 한국인에 대해서 심층분석한 기사를 썼어요. 샤넬 같은 명품 수입이 세계에서 한국이 1위를 했어요. 어차피 집을 살 수 없을 바에는 마치 다 써버리고 죽겠다는 생각처럼 보여서 굉장히 위험해 보였어요. 집을 살 필요가 없다는 걸 알게 되면 그런 생각을 안 할 것 같아요. 우리나라는 희한하게도 집에 대한 집착이 정말 많은 나라에요. 절대 그럴 필요가 없는데, 집을 못 사니까 '나는 끝난 거야'라고 생각하는 것 같아서. 여성이 경제관념을 가지는 게 정말 중요하다고 생각을 해요.

저는 《리치 우먼》 저자의 말에 대부분 동의를 하는데, 이 분이 부동산만 이야기하고 주식은 부정을 했어요. 그건 좀 한계라고 봐요. 이 분이 부동산으로 큰 돈을 벌었기 때문에 그런 것 같아요. 원래 경제 지식이 많은 분은 아니에요.

정수현 우리나라 교수들 연봉이 반값 등록금 영향으로 제자리걸음으로 십년이 넘었습니다. 명예직입니다.

존리 앞으로는 더욱 어려워질 것입니다.

김현주 국립대는 더 싸요.

존리 국립대는 더 싸죠. 해외에 가서 박사까지 따려면 얼마나 돈이 많이 들었어요. 그거에 비해서 너무 작잖아요. 다른 초이스는 없었을까요?

정수현 학문에 열정을 두고 있는 사람들도 많이 있습니다. 학문의 발전이 기술의 혁신과 산업 발전으로 이어져서 현재 21세기인들이 과거와는 다른 삶을 사는 초석이 된 것입니다. 그래서 서구에서는 기초과학이나 학문을 중요시하고 대우해주는 이유입니다. 한국도 천연자원은 없지만 교육열을 통해 우수한 인재들이 산업사회에 많이 쏟아져 나왔기 때문에 괄목할만한 성장을 이룬 것이기도 합니다.

존리 물론 그렇겠죠. 하지만 교수가 되면 물질적으로 안정이 될 거라고 생각을 한 거죠. 그런데 생각보다 그렇지 않고, 애들을 결혼시키고 하다 보니까, 굉장히 걱정되는 라이프가 된 거죠. 《부자 아빠 가난한 아빠》의 포인트는, 친구의 아버지는 대학도 안 나왔지만 경제적으로는 훨씬 더 자유로웠다. 자신의 아버지는 그렇지 못했다. 왜 그럴까, 그런 것에 대해 생각을 해보는 거죠.

　'우리는 왜 돈에 대해 이야기를 안 할까?', 특히 여성들의 경우에 "나는 시간이 없다", "나는 모른다", "그건 남성들의 전유물이다", "나는 돈에 대해 신경을 안 써도 된다"는 그런 고정관념이 많은 것 같아요. 아직도 한국에서 여성은 투자하고는 거리가 있다고 생각하는 것 같아요. 저는 여성들이 정말 중요한 역할을 해야 한다고 생각하거든요.

한 4~5년 전에 이대에 주식 강연을 했는데, 학장님이 저한테 "오늘이 '마지막 수업'입니다", 그러는 거예요. 왜냐면 여성들이 금융 전공 수업에 한 명도 지원자가 없대요. 전부 뭘 지원하냐면, 마케팅. 이런 거에는 지원을 해도, 투자에는 지원자가 0명이라는 거예요. 끔찍한 얘기잖아요. 그러니까 여성들은 '나의 일이 아니다', '어려운 일이다', '남자들의 전유물이다'라고 생각하는 거 아니겠어요.

20년 전일 거예요. 미국은 여성들이 투자 쪽에 일을 많이 해야 한다고 생각해서, 특정한 날을 정해서 딸들만 특별히 회사에 데려오게 했어요. 딸들이 투자에 관심을 가지게 하려고요. 지금은 미국에 여성 투자가가 많이 나오거든요. 최근에 블룸버그에 기사 하나가 떴어요. 한 일본 여성에 대해서. 그 여성이 TV 앵커에서 펀드매니저로 이직을 했어요. 세계에서 많은 화제가 됐어요. 한국에서도 많은 여성이 금융업에 진출해야 합니다. 그렇게 여성들이 투자업계에 들어와야 금융이 산다는 거죠.

장서우 존리 선생님께서는 여성들이 변화해야한다고 하셨지만, 이는 결국에는 사회 전반에 걸친 문화와 태도의 변화가 필요하다고 생각됩니다. 저도 대기업에 처음 입사했던 사회 초년생일 때는 내가 이 회사의 평사원부터 시작해서 꼭 여성임원이 되어야겠다는 부푼 꿈을 가졌고 사원 4년 내내 한번도 고가 B를 받은 적이 없을 정도로 열성적이었고, 유능한 사원으로 손꼽혔습니다.

그러나 시간이 지나며 말로만 듣던 "유리천장"이라는 것을 실감했습니다. 이미 고가가 좋았던 저에게는 저보다 저평가되며 장 선임 반만 했으면 좋겠다던, 선배 남사원보다 낮은 평가를 받게 됩니다. 그 사유는 선배 남직원은 애기가 둘인 가장이니, 네가 이번 고가는 양보하라는 이야기까지 들어야 했습니다.

아무리 제가 열심히 하더라도 여성이라는 이유로 알게 모르게 받게 되는 차별이 존재했습니다. 물론 수직문화, 군대문화가 팽배한 사회에서 여성의 유연함으로서 발휘되는 역차별이라고 느낄 수 있는 일례들도 많이 발생했지만 정작 중요한 포인트에서 여성이라는 이유는 장기적으로 출산과 육아로 인하여 배제되어야 하는 인물로 평가받는 것이 사회 전체의 분위기입니다. 이러한 구조속에서 여성의 사회참여 비율이 높아지는 것은 비단 여성만이 변한다고 가능한 일이 아닙니다.

사회 전체 구성원의 문화와 의식의 개편이 필요하고, 이는 특히 "여자라서 그래…" "여자들은 그래…"라는 성인지 감수성이 낮은 기성세대부터 변화가 필요하다고 생각합니다.

정수현 존리 선생님 지적이 정말 맞는 것 같아요. 유럽에서 한국을 바라볼 때, 한국이 국민소득 2만 5천 불에서 오랫동안 머물러 있었거든요. 지금은 3만 5천 불에서 오랜 기간 머물러 있습니다. 이를 뛰어넘으려면 여성 경제 참여인구가 올라가야 생산성이 올라가서 5만 불을 달성할 수 있는 거죠. 생산성 지수에 여성 경제 참여율이 중요하거든요. 그런데 우리나라는 여성의 경제 참여인구가 많이 낮아요.

존리 맞아요. 낮아요. 그래서 한국에서 가장 필요하다고 생각하는 것이 먼저 금융 교육이고요. 그리고 여성참여에요. 여성이 참여하면 경제 성장률이 확 올라가요. 인구의 반이 여성이잖아요. 그런 면에서 《리치 우먼》이란 책이 좋다고 생각해요. 굉장히 크리티컬한 거예요. 몇 가지 동의 못하는 건 있지만, 한국의 가정주부들한테 그리고 딸들에게 이런 교육을 해야 한다. 딸들이 펀드매니저도 되고, 자산운용사를 설립하고 그래야 하는 거예요.

정신적인 종속에서 벗어나려면 경제적인 독립을 하라

정수현 힐러리가 그랬대요. 클린턴이 인기가 되게 많았는데, 클린턴 전 미 대통령이 처음 사귄 여자는 힐러리보다 더 예쁜 여자였대요. 근데 힐러리는 어렸을 때 생각하기로, 내가 능력 있고 재력 있으면 저 남자는 나한테 올 것이다. 그래서 자기는 그걸 키웠다고 하더라고요. 그렇게 능력과 재력을 키웠더니 클린턴을 쟁취할 수 있었다고.

장서우 근데 저는 남자는 아예 신경을 안 쓰고 생각한 거예요. 한국 사회는 이런 게 많잖아요. 예를 들어, 제가 어떤 식당에 갔어요. "여기 되게 맛있다. 이 가게 너무 좋다", 그러면 "이 가게 아들이랑 결혼하면 좋겠다" 옆에서 그러는 거예요. 저한테.

정수현 한국은 아직까지도 남성 중심 사회여서, 그런 말 많아요. '여자 팔자 뒤웅박 팔자', 어떤 남자를 만나느냐에 따라 자신의 위치가 정해지는 거죠.

장서우 저는 그런 얘기를 들어도, 독립적인 사고가 가능하니까 "아니야, 난 내가 이런 가게를 어떻게 하면 만들 수 있을까?" 이렇게 얘기하지만, 많은 여성들은 그런 이야기를 옆에서 하면 관습적으로 "맞아, 여기 아들이랑 결혼하면 정말 좋겠네" "부자랑 결혼하면 좋지"라고 대답할 수 있죠. 그동안의 한국 사회는 여성이 사회생활에 참여하기가 힘든 구조였으니까요.

존리 그게 가장 빠른 길이니까. 여성만 그렇게 생각하는 게 아니라 남성들도 그래요.

정수현 저도 사실은 젊었을 때 비슷한 생각을 했어요. 남편이랑 똑같이 대학을 졸업했는데, 남편 월급을 타서 생활을 한다는 게 되게 자존심이 상했고, 제 성격상 이상하게 남편의 월급을 받아쓴다는 느낌이 드니까 불편한 거예요.

여기서는 자유를 위해서 경제적으로 독립을 해야 한다고 했는데, 사실 경제적인 종속은 정신적인 종속이에요. 내가 종속이 될 수밖에 없어요. 정신적인 자유를 얻기 위해서는, 모든 여성들이 정말 자유를 원한다면, 정신적인 자유를 원한다면, 경제적인 자유가 있어야 한다고 봐요. 어떻게 보면 여자 연예인들 이혼율이 높은 것은 경제적으로 능력이 있어서 인지도 모르겠어요.

현재 21세기인데도 우리 한국 사회의 여성들의 밑바탕에는 약간 신데렐라 콤플렉스가 남아 있어서, 남편한테 뭘 받아야 한다고 생각해요. 여기 장서우 선생님처럼 진취적으로 남편을 먹여 살릴 생각을 안 해요. 저도 친구들 만나서 얘기를 들으면 남편에 대해서 불평불만을 늘어놓는데, 정작 자신은 돈을 벌어본 적도 없고, 벌려고 노력도 안 하고 정신적인 종속은 되기 싫고 그런 거죠.

제가 패션 매장에서 일할 때 보니까 돈을 버는 여성은 결제할 때도 굉장히 자유로움을 느껴요. 할부도 잘 안 해요. 그런데 아무리 잘 살아도 남편 월급이나 남편 카드를 쓰는 여성들은 몇 개월 할부 심지어는 12개월 할부도 해요. 다음 달에 와서 카드를 교체하는 분도 봤어요. 결국은 남편한테 보이지 않기 위해서 하는 거거든요. 정신적인 종속을 당하고 싶지 않으면 경제적인 독립을 해야 되는 게 맞는 거죠.

존리 굉장히 좋은 포인트죠. 그리고 그렇게 해야 하는 다른 이유는, 남편도 어떻게 될지 몰라요. 파산할 수도 있고, 이혼할 수도 있고, 사망할 수도 있고, 사업에 실패할 수도 있고, 그 변수를 인생을 위해서 꼭 생각해야 해요.

정수현 공감합니다. 저는 은퇴시점에 놓인 사람으로서, 그 경계선에 있다고 봐요. 제 주위에 경제적으로 자리를 잡은 사람과 잡지 않은 사람들의 삶의 질은 극명하게 차이가 나요. 본인이 인생에 대해서 회의적으로 생각해서인지 자식들이 결혼이나 아이를 안 놓는 것에 공감을 하고, 동의를 하더라고요. 그게 화가 나는 거예요. 본인들은 결혼해서 자녀를 두었으면서도, 자녀들에게는 자식이 없어도 된다라는 무책임한 말에 답답한 마음이 듭니다. 존리 선생님 말씀처럼 은퇴 후 경제적 독립도 문제이지만, 인구가 급격히 감소하는 현실과 경제규모는 긴밀한 연관성이 있다고 알고 있어요. 존리 선생님처럼 현실적인 조언을 부모도, 나라도, 정부도 해주지 않았던 것 같아요. 제 또래 중에 파킨슨 걸린 지인이 3명이나 있어요. 생각보다 노후가 더 비참해질 수 있어요. 어려서는 부모가 절대적인 보호자이지만 인지능력이 현격히 떨어지는 노후에는 자녀가 보호자가 됩니다. 인간 모두는 언젠가는 노인이 되고 생의 유약한 마지막 단계를 거쳐 병마와 싸우다가 죽음에 이르게 됩니다. 젊은이들이 30대~40대 초반이 되어도, 자녀를 낳지 않으려 하는 걸 보고, 우리나라의 미래 상황은 더 심각해질 수 있다는 생각이 들어요.

존리 인구가 굉장히 중요하죠.

정수현 인구가 한 해에 60만 명 정도 준대요. 2050년 이후부터 인구급감으로 파키스탄 경제 수준으로 낮아질 수 있다는 전

망이 있더라고요. 우리 세대도 중요하지만 이 책이 다음 세대
를 위한 책이 되었으면 합니다.

2장

부자란
무엇인가

함께 읽은 책

《리치 우먼》
킴 기요사키 지음, 민음인

부자가 무엇인지 모른다면
부자가 될 수 없다

———

부자가 되려면 투자나 금융 같은 경제 지식을 축적한 경제독립을 이뤄야 한다.
지금 대한민국이 전 세계에서 가장 떨어지는 부분이 금융 부분이다.
그건 우리가 돈에 대한 교육을 전혀 안 받았기 때문이다.
이대로 계속 가면 우리나라는 정말 미래가 없을 수 있다.
이제부터라도 경제독립이라는 큰 테마를 가지고 사교육,
명품 소비 같은 남에게 잘 보이려는 속 빈 행동에서 벗어나
'돈'에 대한 올바른 가치를 세울 수 있는 체계적인 금융 교육을 시작해야 한다.

경제적 독립은 왜 해야 하는가

김세환 저는 경제적 독립을 왜 해야 되는지가 항상 궁금해요.
여기 계신 분들한테 물어보고 싶었어요. 왜냐하면 저도 아이
들한테 알려줘야 하니까요. 아이들이 항상 물어봐요, "도대체
부자가 뭔데요?". 그러면 저는 "돈이 많은 거예요"라고 하면,
그것도 아니잖아요.

정수현 저는 정신적인 자유를 위해서 돈이 필요하다고 생각합

니다.

존리 부자가 돼야 하는 이유는 딱 한 가지예요. 자유. 그리고 좀 더 나은 사회를 위해 영향력을 끼칠 수가 있어요. 어려운 사람 도와줄 수가 있고, 사회가 변하게 할 수 있는 것도 돈이에요. 돈이 없으면 10가지 좋은 얘기 해봐야 소용이 없어요.

정수현 솔직히 저는 돈이 마음이라고 생각해요. 내 마음을 표현하는 수단이 될 수밖에 없어요.

김세환 어떻게 보면 하나의 그릇인 거잖아요. 그릇이라서 여기에 마음을 담을 수도 있는 거고, 사랑을 담을 수도 있는, 여러 가지 가치를 담기 위한 그릇인 거죠. 그러면 그릇을 키우는 게 부자가 되는 거라는 말씀이신 것 같은데.

독립, 통제권 등 이런 것들이 하나로 연결이 되는 건데, 투자라는 건 독립을 한 사람, 자유로운 사람, 결국 통제권을 가진 사람이잖아요.

정수현 저는 아까 말한 대로 마음의 표현이라고 생각합니다.

김세환 그렇죠. 저도 표현할 수 있는 사람이 자유로운 사람이라고 생각해요. 저도 비즈니스 파트너가 있어요. 사업을 하는 건 아니고 그 친구도 교사에요. 그런데 교사라는 게 어떻게 보면 정말 안정적이고 아무것도 안 해도 되고, 가만히 있어도 돈이 조금씩 오르는 그런 직업이잖아요. 남들이 또는 학생들이 너무 원하는 직업일 수도 있어요.

이 친구랑 얘기하면서 이 직업은 하나의 보험이다. 또 다른 곳으로 나아가기 위해서, 좀 더 안정적이고 편안한 상태에서 뭔가 선택할 수 있는 단계로 나아가기 위한 디딤돌이다. 이게 나를 독립시켜주거나 통제권을 갖게 하거나 자유롭게 하는 건 아니다. 다음 단계로 나아가기 위한 보험이라고 생각하고 빨리 이 보험을 해지해야 한다고 했거든요. 부자들은 보험이 없잖아요. 보험을 들지 않잖아요. 우리가 보험을 드는 이유도 '만에 하나'라는 가능성 때문에 하는 거잖아요.

존리 그러니까 새장에서 못 나오는 거예요. 위험을 두려워하게 되죠. 새장에서 나오면 독수리를 만날 수도 있고 뱀도 마주칠 수 있죠. 이러한 위험을 두려워하게 되면 아무것도 못하게 되죠.

김현주 그 용기를 내기가 너무 어려워요.

존리 두려움이 있으니까 새장에 있겠다고 하는 거거든요. 그런데 전 국민이 새장 속에 있겠다고 하는 나라는 희망이 없어요.

김세환 이 반응이 좀 조심스럽지만, 저도 이 교사라는 직업을 최대한 빨리 떠나는 게 제 꿈이에요. 제가 교사로 남아있는다면 이미 한계를 정해버리는 꼴이 된다고 생각해요. 무언가를 계속 배우고 성장하고 도전하고 싶어요. 아이들에게 무한한 잠재력과 가능성이 있고, 무엇이든 할 수 있다고 말하면서 정작 교사가 아무 것도 안 하고 교사로만 남으려고 한다면 그건 아이들에게 거짓말 하는 것밖에 되지 않는다고 생각해요.

정수현 교사 하면서 하면 안 돼요?

김세환 그래서 방학이라는 걸 이용해서 이 시간을 내고 있는 거예요. 어떻게든 빨리 빨리 만들려고요. 최대한 빠른 기간 안에 스스로 앞으로 나가는 모습을 많이 보여주는 게 제 꿈이에요. 여러 가지가 있지만 저도 금융학교, 교육 사업을 하는 게 제일 큰 꿈이에요.

존리 그 분야는 정말 블루오션이에요. 투자라든가 금융 같은 걸 가르쳐 주는 곳이 없잖아요. 전국적으로 붐을 일으켜야 하거든요. 경제독립이라는 큰 테마를 가지고 얼마나 우리가 바보 같은 행동을 하고 있는지를 알려야 해요. 제일 문제가 사교육, 페라리 그런 거예요. 남한테 잘 보이려고, 멋있게 보이려고만 하는 거죠. 경제독립이라는 운동이 확산되면, 저는 정말 농담이 아니에요. 대한민국은 어느 나라도 넘볼 수 없는 영향력 있는 나라가 될 거예요.

지금 대한민국이 전 세계에서 가장 떨어지는 부분이 금융 부분이에요. 그건 우리가 돈에 대한 교육을 전혀 안 받았기 때문에 이렇게 되었다고 봅니다. 정말 우리나라는 금융에 대한 위기를 느끼지 못하면 미래가 없거든요.

《리치 우먼》의 작가는 《부자 아빠 가난한 아빠》를 쓴 사람의 와이프예요. 이건 이론적인 책이 아니라 굉장히 빨리 읽을 수 있는 스토리텔링이에요.

《부자 아빠 가난한 아빠》 작가와 와이프는 진짜 찢어지게 가난했어요. 옛날에는 노숙도 했죠. 그 사람들이 너무 행복했던 때가 언제냐면, 모텔에 들어갔을 때에요. 모텔에 들어갔는데 돈이 없는 거예요. 근데 그 당시에는 크레딧 카드를 긁는 거잖아요. 요새는 전산이 잘 돼 있지만 그때는 결제되는 시간하고 긁는 시간하고 차이가 있었어요. 그럼 돈이 없어도 이게 긁어질 때가 있어요. 그래서 처음으로 차가 아닌 침대에서 잘 수 있어서, 굉장히 기뻐했던 스토리가 나옵니다.

그러다 와이프가 하와이에서 대학교 다닐 때 만났던 친구들을 다시 만나서 한 사람씩 얘기를 하는 거예요. 각자 자기 라이프가 다르잖아요. 친구들의 이야기를 듣고 보니 이 사람이 가장 경제적으로 부유한 거예요. 부부가 엄청나게 큰 부자예요. 부자가 된 이유는 책이 너무 많이 팔려서예요. 엄청난 부자가 됐죠. 그러다 또 책을 내고 또 내고 했는데, 이 모임이 각자 자기가 처한 상태가 있잖아요. 그래서 우리들이 각자 '돈하고 나는 무슨 관계가 있나'에 대한 얘기를 하는 거고요.

많은 대한민국 사람들이 한 95% 확률로 말도 안 되는 질문들을 해요. 돈에 관한 대화를 시작하면 대부분 화를 내고 대화를 포기하게 하죠. 여러분들이 그 역할을 해줬으면 좋겠어요.

"당신 돈 얘기하는데 돈이 왜 중요하냐?", "인생에서 어차피 죽을 때 가지고 가지도 못하지 않냐?", 이런 질문들이요.

한국 사람들은 돈을 감정적으로 다루거나, 돈을 함부로 대하죠. "돈이야 뭐 없어도 되는 거 아니야", "돈이 행복과 무슨 상관이지", 그런 태도들이 저에게는 충격이에요.

김현주 저도 '나는 어떻게 해야 하지?', '내가 진짜 재정적 독립을 하고 싶은 이유가 뭘까'라는 생각을 많이 했어요. 저는 제 사업을 정말 하고 싶은데 사업을 하기 전에 투자를 통해서 이런 현금 흐름을 만들어 놓는다면 판단을 할 때 조급하지 않고, 비리 같은 것에 마음이 약해지지 않을 것 같다는 생각을 했어요.

당장 이번 달에 생활비를 내야 하는데, 생활비를 내지 못할 때도 있고 그보다 많이 벌 때도 있단 말이에요. 근데 사람이 망각의 동물인 게, 많이 벌 때는 못 벌 때를 생각을 안 하고 저축하지 않아요. 많이 번 만큼 써요. 직장인 생활을 20년 하니까 그랬어요.

제가 원하는 경제독립의 이유는 내 사업을 하는 데 있어서 정말 좋은 브랜드이고 싶어요. 제가 회사를 딱 그만두고 난 다음에 느낀 게 그동안 브랜드들의 사탕발림에 너무 많이 속았다는 거예요. '열심히 일하는 당신 떠나라' 해서 열심히 떠났어요. 지금 제가 경제적인 빈곤이 온 이유가 그런 모든 사탕발림에 제가 그냥 바보처럼 노예처럼 계속 당했었던 거였거든요.

장서우 저는 창업하기 전에, 대기업에 처음 입사를 했을 때 이 회사의 여성 임원으로 성공을 해야겠다고 생각했어요. 원래 성취욕이나 목표의식이 뚜렷한 사람이라서, 그런 생각을 가지고 입사를 했었죠.

그때 SNS를 기반으로 퍼스널 브랜딩이 확장되고 있던 시기였어요. 저는 경제적 자유를 획득하고 싶은 이유가 '내가 좋아하는 일을 더 열심히 하고 싶어서' 이거든요. 저는 일하는 게 되게 즐거워요. 그래서 제가 좋아하던 스타일의 의류가 있었는데, 그걸 온라인으로 한번 판매를 해봤는데 생각보다 스토리가 좋았는지 찾는 사람들이 있더라고요. 그래서 이제 회사를 나와서 창업을 하게 된 거죠.

요즘에 느끼고 있는 건, 저는 창업을 해서 사업을 하는 사람인데, 처음에는 온라인/오프라인 두 채널에서 장사꾼이었고 지금은 사업가가 되려고 많은 것을 배우고 전환하는 찰나에 있는 것 같아요. 그런데 사업가가 되는 게 굉장히 힘들더라고요. 시스템을 구축하고 돌아가게 하는 게 쉽지 않고 변화하는 노동시장에서 저와 같은 소기업들이 인력을 효율적으로 배치하는 것에 매우 큰 어려움이 있다는 것을 느끼고 있어요. 그러한 변화와 함께 워라벨의 밸런스도 맞추고 싶은 욕망도 있고요.

그리고 나서 제가 하는 것에 시간도 많이 쓰고 여유롭게, 마음에 쫓기면서 하지 않기 위해서 현금 흐름을 창출해야겠다고 느끼고 있는 찰나인 거죠. 지금 창업을 했지만 사업가라고 하기도 뭐하고 장사꾼이라고 하기도 뭣한 중간지점에 서 있다고 생각해요.

현재는 여기 있는 모든 걸 그냥 경험해 보고 있는 중인데, 투자에 대해 너무 무지했다는 생각이 들어요. 저도 제가 독립적이긴 하지만 계속 부동산이 중요하다고 하니까, 저도 돈을 벌면 집을 먼저 사야겠다고 생각했거든요. 그래서 집을 샀는데, 요즘 집값이 떨어지니까 '이게 잘한 걸까' 이런 생각도 들어요.

다르게 생각해야 금융문맹에서 벗어날 수 있다

존리 금융문맹에서 벗어나기 위해서는 기존에 갖고 있던 선입견을 깨는 게 중요해요. 그중에 제일 큰 게 부동산에 대한 집착을 버려야 하고, 그다음에 월세가 유리한지 집을 사는 게 유리한지에 대해서 계산을 할 줄 알아야 해요. 특히 한국은 월세가 훨씬 싸요. 월세는 버리는 돈이라고 생각하는 사람들이 의외로 많아요. 빌딩을 굳이 소유할 이유가 없어요. 제가 일했던 KPMG, 스커더, 도이치, 라자드 전부 대형 금융회사였지만 자체 사옥이 없습니다. 반드시 사옥이 있어야 하는 고정관념을 깨야 합니다.

정수현 유지보수도 힘들고 비용도 많이 들 것 같습니다.

존리 종로에 가면 많은 빌딩이 비어 있잖아요. 이번에 제 유튜브에 월스트리트 얘기를 찍었잖아요. 근데 월스트리트에 증권사가 있는 것 같죠? 지금은 증권회사는 거의 없어요. 대부분 다 고급콘도로 바뀌었어요. 옛날에 다 증권사들이었죠. 한국의 종로도 미국의 월스트릿처럼 콘도로 바뀌면 좋겠다는 생각을 하게 돼요. 아파트 굳이 지을 거 뭐 있어요.

김현주 이 책 보면서 공감했던 부분은 대부분의 여성들이 진짜 현실을 직시하는 것보다 '나는 괜찮아질 거야. 나는 괜찮아질 거야'라고 생각하는 부분이었어요. 이 멘트 공감 많이 하잖아요. 대부분 저희 친구들도 그렇고, 저도 그렇고, "몰라, 일단 사, 그동안 고생했는데. 일단 사", 이러고 난 다음에 '나는 괜찮아질 거야'라는 안일함으로 생활하죠.

또 다른 일자리들을 알아보고 있고 어딘가에 종속되어야 한다는 생각. 저 같은 경우는 결혼을 안 했으니까 저희 부모님에 대한 기대가 있었던 거예요. 당연히 엄마가 나보다 부동산 더 잘 알겠지, 그런 생각이요.

여태까지 우리 부모님이 이렇게 돈 모아 놨으니까 재산 조금 물려주시겠지, 이런 안일함으로 있었죠. 그러다 어느 날, 모든 회사를 다 정리하고, 살던 집도 다 정리했어요. 제가 부동산 수업 하나 들었던 것 중에 감동 깊었던 거는 "너 지방에 아파트 사놨지. 특히 경기도! 엄청나게 속은 거야. 40년 평생 그렇게 할부로 이자 갚는 삶을 사는 게 엄청나게 속은 거고,

인생 잘못 산 거예요"라고 하는 거예요.

존리 대단한 사람이네요.

김현주 왜냐하면 저도 똑같이 의정부에 아파트 하나 가지고 있고, 그 아파트 대출금을 또 쓰면서 40년째 붙어 있는 이자를 내고 있는 제 자신이 너무 어이가 없더라고요. 그래서 고점에, 거의 오르기 직전에 아파트를 다 정리하고, 내 인생이 마이너스니 다시 제로베이스부터 시작하자. 부모님 도움 없다고 생각하고, 제로베이스에서 내가 얼마만큼 벌 수 있을지, 내가 얼마만큼 쓰는지 냉정하게 바라보자. 그렇게 해서 지금 겨우 회사를 그만둘 수 있었어요.

저는 진짜 이제부터 다시 긍정적으로 쌓아가야 해요. 누군가는 옛날 책을 가지고 현실에 도입하면 안 된다고 얘기하지만, 저는 공감할 수 있는 얘기였어요.

엄청난 경제용어나 경제지식은 아니더라도요. 지금 추천하는 책도 그랬고 제가 《돈의 심리학》이라는 책을 근래에 다시 보기 시작했는데, 돈을 놓고 사람 심리가 어디로 흘러갈지에 대해서 판단하는 내용이거든요. 제가 브랜딩 공부를 하는 것도 다 사람 마음에 있는 거라 되게 흥미롭고 좋아요.

김세환 자기 자신의 민낯을 보이는 것도 싫어하고 보는 것도 너무 싫어하죠. 미움 받을 용기가 필요해요. 정면으로 마주쳐야 한다는 거죠. 지금 처한 문제들의 원인은 다른 게 아니고 자신이 선택한 결과라고 생각해요. 하루 아침에 바뀌지 않는 것 역시 당연한 이치겠죠?

선입견을 깬다는 건 자신의 실수를 인정하고, 다시 바로잡기 위해 또 많은 시간, 에너지, 돈을 써야 한다는 것이고, 그 과정에서 다른 사람들이 어떻게든 깎아 내리려고 할 거에요. 그때 버티는 힘과 용기가 필요하지만 참 어려워요.

존리 다르게 얘기하면 그만큼 기회가 많은 거예요.

부모는 자녀의 경제개념 롤모델

존리 선입관을 깨거나 개혁을 하게 되면 반대세력이 있기 마련이에요. 다른 생각을 가지고 있는 사람을 끌고 가는 건 너무 힘든 일이거든요. 평생 주식하면 안 된다는 생각을 갖고 있는 사람은 갑자기 변하지 않거든요. 그런데 아이러니하게도 이걸 바꿀 수 있는 게 돈이에요.

정수현 롤모델이 생기는 것도 중요한 것 같아요.

존리 맞아요. 저 사람은 경제적으로 나보다 굉장히 나은 삶을 살고 있다면 궁금하잖아요. 《부자 아빠 가난한 아빠》가 정확하게 그 롤모델을 보여준 거예요. 오늘 책 주제도, 이 책을 쓰게 된 계기도 마찬가지에요. 돈을 싫어하는 사람은 없어요. 그런데 겉으로는 돈을 경멸하는 것처럼 말해요.

김세환 부모가 제일 중요한 롤모델이거든요. 그런데 돈 얘기를 안 하고 '공부만' 하라고 해요. 한 번은 학부모님과 전화 상담을 했었어요. 학생의 부모님은 학생에게 바라는 게 없다고 말씀하시면서 결국 공부하지 않고 놀고 있는 아이의 모습을 눈 놓고 볼 수 없어 자꾸 아이에게 잔소리하고 서로 갈등이 생긴다는 거였어요.

아이를 위해 열심히 일하고 비싼 학원도 다 보내주는데 왜 공부를 하지 않느냐는 거죠. 저는 이 문제의 핵심은 공부가 아니라 '돈'이라고 생각해요. 결국 돈 때문에 가정 내 갈등이 더 심해지는 거죠. 공부라고 말하지만, 결국 돈이거든요. 부모는 아이들과 함께 돈에 대해 적극적으로 얘기를 해야 한다고 생각해요.

정수현 모든 애들을 똑같이 공부를 시켜서 그런 것 같아요. 춤 잘 추고, 노래 잘하고, 요리 잘하고, 재봉 잘하는 사람을 위한 직업학교를 세워서, 그 학교를 졸업한 사람은 사회적으로도 인정해주는 시스템이 있으면 좋겠어요. 그 분야에 있어서는 명문대 졸업생보다 낫고, 그들 덕분에 우리가 맛있는 음식도 먹고, 예쁜 옷도 입고, 좋은 음악을 감상하고, 더 행복해질 수 있다는 것을 인정하는 사회적인 분위기가 필요하다고 생각합니다.

존리 전제 조건이 있어요. 시험을 없애는 거. 점수경쟁을 하는 교육보다는 창의적인 교육이 중요합니다. 남이 낸 문제를 맞추는 것보다는 문제를 발견하는 교육을 해야 합니다.

정수현 교육부에서 직업교육 학교를 반수 이상 설립을 하면 더 탄탄한 사회 시스템이 될 수 있을 것 같아요. 어차피 사회에 나오면 따로 또 본인이 알아서 스스로 직업교육을 받아야 하는 이중의 고통도 덜 수 있죠.

존리 직업은 다양성이에요. 우리가 대학 교수하면 멋있는 직업이고, 청소하는 사람은 하대하는 문화가 있는데, 그건 바뀌어야 하는 거예요. 미국의 척도는 오직 돈이에요. 미국에서 일단 성공한 사람들 보면 공부 잘하는 사람은 없어요. 공부 잘하는 사람이·오히려 월급쟁이인 경우가 많아요. 전교 1등 하던 내 친구가 미국의 대형회사에서 일해요. 공부를 진짜 잘했죠. 1억 2천 정도 받아요. 그동안에 들어간 투자금액에 비하면 너무 적게 받는 거죠.

정수현 지금 아들의 진로에 대해서도 고민하고 있어요.

존리 부모님이 걱정할 일이 아니죠. 그건 아들이 스스로 걱정할 일이에요. 직업을 선택할 때, 돈이 중요한 척도라는 걸 알려줄 필요는 있죠.

김세환 감가상각이 되는 거에요. 점점 시간이 갈수록 가치가 줄어드는 거죠. 나중을 위해서 저는 투자하고 있어요. 몸에 대한 투자, 다른 꿈에 대한 투자, 노후에 대한 투자. 그래서 더 투자에 대한 얘기가 확 와 닿습니다.

존리 감가상각 (웃음). 예를 들어서 100억이 있다. 그러면 그 중에서 1억 쓰는 건 문제가 안 돼요. 그런데 사람들은 2천만 원 있으면 2천만 원을 다 써요. 저는 우선순위를 이야기하는 거예요. "투자는 밥 먹듯이 하는 거다"라고 저는 항상 이야기하죠.

'10억'이 가능한 이유

10억이라는 돈을 이야기하는 이유는 10억이라는 구체적이고 명확한
숫자가 있어야 실현시킬 가능성이 높기 때문이다. 목표액을 정하고
'나는 안 될 것 같다'는 생각에서 벗어나 '부자가 되어야 한다'는 것과
'소비를 줄이고, 소비를 투자로 바꿔야 한다'는 것,
그리고 10억은 절대 큰 돈이 아니라는 것을 아이들에게 알려줘야 한다.
아이들에게 10억이 이루지 못할 큰 돈이 아닌 이유는 아이들에게는
'시간'이 있기 때문이다. 아이들에게 '복리의 마법' 때문에
절대 10억이 큰 돈이 아니라는 것을 가르쳐줘야 한다.

"이번 생은 글렀어요"

정수현 대한민국 상위 1% 가구 부자, 연평균 2억 1600만 원, 중
산층 평균 순자산은 서울 6억, 전국 5억이라는 통계가 있어요.

존리 믿기가 어려운데, 그것보다 더 적을 거예요.

정수현 상위 10% 자산이 전체의 60%를 차지해요.

존리   밑에 있는 사람은 1억도 없을 거예요. 훨씬 더 처참해요. 한국 국민의 반이 아마 1억이 안 될 겁니다.

정수현   이런 얘기를 하는 사람이 별로 안 돼요.

존리   건강검진 받는 거 싫은 것처럼, 두려운 거죠. 이런 연습을 해야 해요.

정수현   1960~70년대생 인구가 1700만 명인데, 50년대생까지 합하면 약 2400만 여명입니다. 이들이 우리나라 인구의 반을 차지해요. (통계청, 2021년 기준 연령별 인구 현황/ 40~49세 8,205,797명, 50~59세 8,591,085명, 60~69세 7,039,371명) 이들의 고령화가 굉장히 심각하고, 이들의 자산이 우리나라 경제력과 같아요. 268만 원이 부부 기준 생활비 수준인데, 통계청 조사니까, 미니멈으로 잡은 것 같아요. 9억 정도가 노후 자금이 필요한 것으로 추정이 되는데, 55년생~75년생 세대의 노동력이 상실하는 시기가 오면, 10억을 모은 사람과 그렇지 못한 사람들의 차이가 극명하게 날 것 같아요.

존리   10억은 미니멈이에요. 제가 4%의 룰rule[3] 얘기한 적 있죠.

김세환   이런 비슷한 이야기를 아이들과 했는데, 학생들이 "이 번 생은 글렀어요"라고 하는 거예요. 평균적으로 이 돈이 필요할 수도 있다고 하니까 그런 반응이더라고요. 당장 10억이 필요하다는 이야기가 아니라 참고해야 할 내용이라고 말해줬어요. 그때 아이들의 반응을 보고 저는 오히려 "너희들에게 부자는 뭐니?"라는 질문을 먼저 해야 했던 게 아닌가 하는 생각이 들었어요. 그냥 10억이 필요하다고 얘기를 하면 아이들이 먼저 포기를 해버리니까요.

존리 선생님이 말씀하신 것과 같은 부자의 개념이 경제적으로 독립한 상태, 돈으로부터 자유로운 상태인데 아이들에게는 이게 '왜 독립해야 해요?' 그리고 '왜 자유로워야 해요?'라는 질문으로 치환이 되는 것 같아요. 그럴 때는 "너희는 자유를 원하지 않아? 계속 어딘가에 구속되어 있고 싶어?"라고 물으면, "절대 아니다"고 해요. 그때는 "부자가 되고 싶어? 되고 싶지 않아?"라는 질문에 "부자가 되고 싶어요"라고 이해를 하더라고요.

그러면 "네가 생각하는 부자는 뭔데?"라는 질문에 진

---

3   노후 한숨만?… 존리 "은퇴 후 4%룰 지켜라… 지금 당장 1만 원 주식 투자해라" – 매일경제, 2021.5.21.

지하게 돈에 대한 이야기를 하기 시작했어요. 아이들뿐만 아니라 어른들에게도 이런 이야기를 해줘야 할 것 같아요. 노후 준비를 하려면 단지 10억 정도 있어야 한다고 말하는 것도 좋지만, 본인이 생각하는 '부자란 무엇인가'를 알아야 한다는 걸 명확하게 한 번은 짚어줘야 할 것 같아요.

존리 '10억'이라는 액수를 먼저 말하면 '나는 안 될 것 같은데'라는 생각을 하잖아요. 일단 '부자가 되어야 한다'라는 것과 '소비를 줄이고, 소비를 투자로 바꾸어야 한다'는 것, 그리고 '10억은 절대 큰 돈이 아니다'라는 것을 알려줘야 해요. 10억이 굉장히 커 보이지만, 10억이 큰 돈이 아닌 이유는 아이들에게는 '시간'이 있기 때문에 '복리의 마법'이 가능하거든요. "너희는 시간이 있기 때문에 가능하다"라는 이야기를 꼭 해줘야 해요. '복리의 마법' 때문에 절대 10억이 너희에게는 큰 돈이 아니라는 걸 꼭 가르쳐 줘야 해요.

10억이라는 돈을 이야기하는 이유는 10억이라는 구체적인 숫자가 있으면, 숫자가 명확할수록 실현시킬 가능성이 높아요. 일단 천만 원 만들어 보자, 천만 원 만들어 보면, 5천만 원 만들기 어렵지 않아요. 5천만 원이 1억 되는 건 더 빨라요.

72법칙이라는 것이 있어요. 2배가 되는 시간이에요. 처음에 100만 원 가지고 200만 원 만드는 게 일 년에 6%씩 벌면 72/6=12년 걸려요. 12년이나 걸린다고 하면 사람들은 '그럴 바엔 다 써버리지' 해요. 그 다음 100만 원은 6년, 그 다음 100만 원은 3년, 그 다음 100만 원은 일 년 걸려요. 그러다 일주일, 그렇게 계속 줄어드는 거예요. 애들이 크면 매일 100만 원이 생기는 거예요. 이 이치를 과학적으로 설명해줘야 해요.

천만 원으로 시작해서 꾸준하게 투자를 하면 정말 다르겠죠? 그래서 재벌들이 나중에 몇 백억씩 버는 이유에요. 이건 누구나 할 수 있는 거죠. 애들한테 이걸 가르쳐 주면 '되게 신기하네' 하는 거예요. 아이들에게 "10억이 그렇게 크지 않다. 너도 할 수 있다", 그렇게 이야기를 해줘야 해요. 30년~40년의 시간이 있으면 불가능한 게 없는 거죠.

'그들만의 리그'가 아니다

김현주 SJ 사태를 보면서 직장인들끼리 밥을 먹으면서 하는 얘기가 "돈 버는 사람들은 그들만의 리그가 있구나"라고 말들을 해요. 우리 같은 개미들은 노예로 쓰여진다는 얘기도 해요. 저도 임창정도 정말 바보 같다는 생각을 했어요. 정말 상식적으로 이해되지 않는 일이니까요. 존리 선생님이 말씀하시는 것처럼 교육의 문제라고 봐요. 저도 요즘 강연 많이 들으러 다니는데, 아무것도 아닌 사람이 강연을 하면서 자기를 믿으라고 하는 걸 많이 봤어요. 그러면 사람들이 '맞나보다' 하면서 따라가요. 이건 아무리 봐도 어릴 때부터 주입식 교육을 받다 보니, 자기보다 조금만 나아보이면 그 사람의 이야기가 다 맞다고 생각하는 것 같아요.

연예인이나 유명한 사람들이 한다고 하니, 나도 한 번 해볼까, 천만 원만 넣어볼까, 일억만 넣어볼까, 하다가 이런 사태가 났다고 생각해요. 이게 교육의 병폐가 아닌가 생각해요.

열심히 일을 해서 성공할 수 있다는 희망을 주는 게 아니라, '돈 있는 사람들은 그들끼리 한다'고 생각해서 패배감을 주는 것 같아요. 저도 스스로 노후 준비를 할 수 있는 마지막 세대라고 생각해요. 앞으로 10년 정도 열심히 일해 지금이라도 노후 준비를 하자라는 생각을 합니다. 주변에 연봉 높은 사람도 많지만, 그만큼 치열하게 전쟁 같이 일해요. 스톡옵션과 연봉 1억을 지키기 위해서 4년 동안 왕따를 당하고 반신마비가 와도 일을 하는 사람이 있었습니다. 이 사람에게 선생님 말씀처럼 '돈이 일하게 해야 한다'고 이야기를 했거든요. 그런데 받아들이지 않더라고요. 게다가 이런 주식 사기 사태가 나니까 '그것 봐, 주식은 사기야, 부동산이 최고야'라는 반응을 보이는 거예요.

존리 좋은 말씀 해주신 것 같아요. 신문에 그런 뉴스가 나오면 '저희들끼리 하다가 걸렸구나'라는 내용의 포스트가 페북에도 많이 떠요. 그런데 금융 교육을 제대로 받은 사람은 그 사람을 멍청하다고 생각하지, '그들만의 리그'라고 생각하지 않을 것 같아요. 대학 교수도 있고, 재벌 회장도 있다고 하잖아요. 저는 그걸 보면서 어떻게 저렇게 순진할 수가 있을까, 생각하죠. 50억 투자한 사람이 마이너스 100억이 되었을 거에요. 그럼 그 100억을 다 갚아야 해요.

　미국의 젊은 40대들은 한국에서 일어나는 일들을 보면 믿지 못할 거예요. 한국에서 일어나는 일들을 보면서 주식을 하면 안 된다고 생각하는 게 저는 너무 안타까운 거예요. 왜 다른 면을 보지 못할까, 생각이 들죠.

　결국 금융에 대한 자신이 없는 거예요. 주식시장을 보는 지식이 너무 초급 수준에 머물러 있는 거죠. 한국 사람들이 다른 건 다 잘하는데 금융만 가면 7살 수준이 되어 버려요. 이게 한국 사회의 커다란 챌린지라고 생각해요. 결국 7살에게 돈을 쥐어준 상황이니, 돈을 잘못 쓰는 거죠. 함부로 쓰고, 낭비하는 거죠. 정말 안타깝죠.

돈은 죽어서 가져가는 게 아니다?

정수현 전에 '돈은 죽은 다음에 가져가는 게 아니'라고 그러셨잖아요. 근데 제가 사실은 얼마 전에 엄마가 돌아가셨어요. 그래서 마지막 장례를 해드리는데 묘비를 하는데도 자본주의식으로, 금액대별로 책정이 되더라고요. 그걸 보면서 인간이 정말 영원히 경제적인 것에서 분리될 수 없는 거구나라고 느꼈어요.

뭐 죽을 때 가져가는 게 아니라고 하는데, 죽어서 안치되는 장소가 금액대별로 바뀌고 납골당도 가장 낮은 데가 싸고요. 마치 아파트 로열층처럼. 묘도 1억짜리도 있고, 이게 정말 돈이 중요하구나. 죽어서 안 가져가는 게 아닌 것 같아요.

존리 예를 들어 굉장히 부정적인 사람이 그러거든요. '자기가 죽을 때 만약에 10억이 있는데, 내가 9억을 남기고 죽으면 억울하지 않느냐', 그런 생각이거든요. 굉장히 소극적인 사람이죠. 그게 아니더라도 다른 사람을 위해서 쓰일 수도 있고. 돈에 대한 긍정적인 마인드를 가지는 게 중요한데, 의외로 그렇게 생각하지 않는 사람이 많아요. 그냥 써버리고 죽지, 내가 죽을 때 가져가지도 못하는 걸 이렇게 아등바등해서까지 모아야 할까라고 생각하죠. 이게 돈을 감정적으로 다루는 사람인 거예요.

그래서 제가 쓴 책 중에 하나가 《존리의 금융문맹 탈출》이거든요. 그때 책 제목을 '부자들 습관'으로 할까, 이걸로 할까 고민하다가 이게 좀 더 많이 나간 책이기도 하고, 또 더 쉽게 이야기를 했어요. 그 책 내용은 결국은 우리나라의 금융 문맹률이 세계에서 1등이라는 거예요.

김세환 '죽어서도 돈을 가져갈까'라는 걸 생각해보면, 저는 죽어서도 돈을 가져간다고 생각해요. 이게 무슨 말이냐면 바라보는 관점이 조금 다른 얘기인데요. 자신이 모으지 않고 다 써버리고, 부족해서 빚까지 내면서 소비했던 모든 것들을 남은 가족이나 자식들이 메꿔야 한다는 거예요. 자신이 모은 돈을 가져가는 게 아니라, 자신이 써버리고 간 돈을 메꾸느라 자녀의 돈을 가져갈 수 있다는 뜻이죠.

제가 정신 차리고 돈을 열심히 모으기 시작했을 때 주변에서는 "그렇게 아껴서 뭐할래, 나중에 죽어서 돈 가져갈 것도 아닌데 써야지"라는 말이 뒤따라 와요. 돈은 써야 한다고 말이죠. 맞아요. 돈은 필요할 때 써야 해요. 그런데 저는 지금이 필요한 때가 아니라는 거예요.

분명히 돈이 필요한 순간이 올 거라고 생각해요. 그게 죽는 그 순간일 수도 있어요. "죽어서 돈을 가져갈 꺼니?"라고 말하는 사람들에게 다시 질문하면 그만큼의 돈이 있는지도 모르겠어요. 그리고 본인은 정작 죽을 때 돈을 가져가요. 바로 자식의 돈을 말이에요. 그래서 빚은 주고 가지 않아야 한다고 생각합니다. '왜 우리 아이들은 계속 비교를 할까'를 생각해보면, 이제 우리나라 문화 자체가 우리라는 단어를 쓰는 그런 것들도… 있는 것 같습니다. 돈이 없는 사람이 '우리'라는 단어로 묶어버리려고 하는 거 같아요. 열심히 돈을 모으고 저축하고 투자해서 자산을 불리는 사람에게 돈이 없는 자신처럼 쓰면서 살자는 뜻이죠. '욜로'를 즐기는 사람들이 '우리'라는 단어로 소속감을 만들려는 거죠. 그래서 저는 조심해야한다고 생각해요.

열심히 돈을 벌고, 모으고, 소비를 아껴 투자하는 사람들일수록 다른 사람에게 휘둘려선 안 된다고 생각해요.

정수현 우리나라가 초고령화가 정말 심각해요. 매년 인구가 60만씩 없어진다는 게 피부로 안 와 닿아서 그렇지만 이제까지 10명이 하던 일을 9명이 하고, 8명이 하고, 5명이 한다고요. 그러면 산업이 무너지는 거예요. 우리가 요양원에 누워 있을 때는 간병인이 없을 수도 있어요.

존리 외국인이 하거나, 로봇이 하는 거죠.

정수현 그 로봇이 하나에 얼마겠어요. 엄청 비싸겠죠. 물론 AI 기술 개발로 점점 더 저렴해지겠지만요.

김세환 결국 돈이 필요한 거죠.

정수현 친구 어머니가 이번에 돌아가셨는데, 돌아가시기 전에 올림픽 선수촌 아파트를 물려주셨대요. 그런데 제 친구는 미국에 있고, 휠체어를 타시면서도 혼자 사셨는데, 입주 도우미가 월 300만 원 들었다고 해요. 그런데 요즘에는 일요일에는 입주 도우미분도 쉬셔야 해서 주말에 다른 분을 쓰고요. 그랬더니 생활비가 500에서 700만 원이 드는 거예요. 그래도 여유가 있으시니 집에서 사시면서 편안하게 돌아가셨거든요. 저는 그게 제일 부럽더라고요.

존리 여러분이 꼭 오늘 해야 할 것이 있어요. '언제 내 노동력이 끝날까', '얼마가 필요할까' 구체적으로 생각해봐야 해요. 그걸 계산하면 1년에 얼마큼 투자해야 하는지 나와요.

정수현 코로나 시기에 존리 선생님 유튜브를 보고 제가 한심하다고 느낀 적이 있었어요. 젊어서 막연히 노후 준비를 했다는 것 때문에요. 전 자본주의 사회에 살면서 제대로 된 경제공부 없이 무턱대고 성실하고 검소하게 살면 희망이 있을 거라고 생각하며 살아왔어요. 크게 간과한 것이 두 가지였죠. 자본주의 사회는 인플레이션이 있을 수밖에 없다는 것과 노동력에 기인한 노동소득은 언젠가는 끝나고, 노동소득은 자본소득을 능가하지 못한다는 것이었습니다.

존리 그렇죠.

정수현 이건 그냥 제 지인 얘기인데, 친구 중에 중문과 대학 교수가 한 명 있었어요. 결혼을 안한 노총각 50대 후반 싱글이었어요. 그런데 강의 중에 뇌졸중으로 쓰러졌어요. 얼마 후에 병문안을 갔는데, 간병인이 간병을 극진하게 하고 있는 거예요. 그러고는 둘이 결혼신고를 했다고 하더라고요. 재산도 검소해서 몇 십억 있었는데, 조금 있다가 갔더니 그 병원에 없는 거예요. 요양원 어디에 방치해도 모르는 거잖아요.

존리 비슷한 이야기를 택시에서 들은 적이 있네요. 택시기사가 "심심하니까 얘기를 해드릴게요" 해서 얘기를 들었어요. 자기 형님 얘기라고 하는 거예요. 직업군인이었는데, 은퇴하고 아들 집에 얹혀살고 있대요. 며느리가 누워서 TV를 보고 있는데, 자기가 들어가도 일어나지도 않고 밥도 안 해 준다는 거예요. 아들한테 어떻게 이럴 수가 있냐고 했더니 아들이 아파트를 자기 명의를 해달라고 했대요. 그걸 해주면 며느리도 효도할 것이라고 했다고 해요. 그걸 해주고, 자기는 원룸에서 살고, 그러다 갑자기 아들 내외가 알려주지도 않고 이사를 갔대요. 그런 사람이 많아요. 너무 많아요.

정수현 제자들에게 결혼도 해야 하고, 자식도 있어야 하고, 어느 정도는 재산이 꼭 있어야 한다고 이야기해요. 제 경우는 어머니가 명의를 오빠한테 해준다고 하는 거예요. 제가 결사반대했죠. 만약에 오빠가 무슨 일이 있으면 어머니는 그 집에서 나가야 한다고 이야기 하면서요.

존리 돈에는 냉정해야 해요. 재산이 있으면 자식이 찾아와요. 제가 스커더 회사에 있을 때 홍콩 지사장 와이프가 한국 여성이었어요. 제가 홍콩 갈 때마다 그 집에서 저녁을 얻어먹고 그랬어요. 어느 날 지사장이 와이프 얘기를 하는 거예요. 그 사람 와이프가 7남매 중에 막내인데, 형제들이 나름 다 성공했음에도 아무도 어머니를 모시려고 하지 않는다는 거예요.
　이 미국사위는 경제적으로 여유가 있어서 압구정 아파트를 사서 어머니를 모시는 조건으로 형제 중에 한명이 마침 목사라서 목사 부부를 공짜로 살게 해줬대요. 그런데 어머니가 나이가 많이 드시니까 모시기 싫었던지 아파트를 자기 명의로 해달라고 조건을 걸더래요. 그래서 거절을 하고 그 연세 많으신 어머니를 홍콩으로 오시게 한 거예요. 아침에 식사를 하면 장모님과 둘이 식사를 한대요. 말이 안 통하니까 말을 한 마디를 안 하는 게 웃기다면서 얘기를 하는 거예요. 나도 같이 웃어주었지만 씁쓸하기도 했습니다.

정수현 착한 사람이네요.

존리 정말 착한 사람이에요. 미국 사회가 개인적인 것 같지만, 실제로는 필요하다고 생각되면 어른을 잘 모셔요. 제주도가 고향인 장모님이 돌아가시게 되었는데, 한국에서 돌아가시고 싶다고 하셨어요. 이 사위가 장모님이 돌아가시기 전에 큰 리무진을 빌려서 한 사람 한 사람 제주도에서 작별인사를 하시게 해준 거예요. 너무 감동적이죠.

김현주 지금 공공디자인에 대해서 공부를 하는데, 한국에서 가장 논의되지 않은 게 요양시설에 대한 거예요. 점점 사회가 고령화가 되니까 공공에서 실버타운을 해야 하거든요. 요양병원이 정답이 아니고, 실버타운을 공공기관에서 짓는 일들을 적극적으로 해야 되는데, 아직까지 잘 되고 있지는 않아서 그런 연구들을 되게 많이 하고 있어요.

존리 파주, 우리 동네의 근처에 재미동포 실버타운을 만들까 생각하고 있어요. 재미동포 노인들이 엄청 늘어나고 있는데 방치되어 있거든요. 요양원으로 가야 하는데, 말이 안 통하니까 미국 요양원에서는 많은 노인 학대가 일어나고 있어요. 파주에 보면 요양병원이 엄청 많은 거예요. 미국 교포들이 한국에서 여생을 보내면 좋겠다는 생각을 해봅니다.

김현주 저도 그쪽으로 논문을 준비하면서 공부했는데, 요양병원은 감옥이거든요. 거기 들어가는 것 자체를 우울해 하시거든요. 5남 3녀 자식들이 있는데, 아무도 같이 산다는 얘기를 안 해요. 150만 원씩 매월 내야 하는 것도 부담을 가지더라고요. 현명한 분들은 실버타운으로 들어가세요. 노인들에게는 커뮤니티가 중요하고, 오히려 노인들이 장소 애착이 굉장히 심해요. 바로 옆집에 친구가 죽었을 때도 바로 알려주는 실버타운 기능들이 있어서 좋더라고요.

존리 가장 좋은 건 실버타운 옆에 유치원을 만드는 거예요. 아이들이 할아버지와 할머니로부터 받을 수 있는 교육이 많습니다. 다음에 병원이 가까워야 하니까 앰뷸런스 들어오기 쉽게 만들어야죠.

정수현 존리 선생님 말씀처럼 은퇴 후 경제적 독립도 문제이지만, 인구가 급격히 감소하는 현실과 경제규모는 긴밀한 연관성이 있다고 알고 있어요. 존리 선생님처럼 현실적인 조언을 부모도, 나라도, 정부도 해주지 않았던 것 같아요. 우리 세대보다 패스트푸드에 더 이른 나이에 노출이 많이 된 3, 40대 젊은이들은 5, 60대에 불현듯 질병이 찾아올 수 있습니다. 또한 우리 세대는 형제들도 많았지만 지금 젊은이들은 형제도 없거나 적잖아요. 노후에 질병보다 더한 고독감과 가족이 없는 상실감을 맛볼 수 있습니다. 생각보다 노후가 더 비참해질 수 있어요. 젊은이들이 30대~40대 초반이 되어도, 자녀를 낳지 않으려 하는 걸 보고, 상황은 더 심각해질 수 있다는 생각이 들어요.

존리 인구가 굉장히 중요합니다.

'부자'라는
개념

좋은 부자에 대한 개념은 정의를 내리기 어렵지만,
행복한 부자는 돈이 많고 적고를 떠나서, 성경에 '진리가 너를 자유케 하리라'
같은 돈으로부터 자유로운 독립이 가능한 사람을 일컫는다.
돈에 대한 개념이 확실하고, 돈을 소중히 다룰 줄 알고, 돈으로부터
자유로운 사람은 행복할 수밖에 없다. 단순히 돈만 많은 사람은
욕심이 끝없는 사람이지만 행복한 부자는 돈으로부터 자유롭고
긍정적이고 도덕심이 높고 호기심이 많은 사람이다.

나쁜 부자 vs 좋은 부자

존리 최근에 일어난 금융사고에 대해 이해가 안 가는 부분이 많아요. 어떻게 통장하고 인감도 맡기고, 그럴 수가 있는지 모르겠어요.

정수현 신뢰가 있어서 그런가요? 어떻게 그 중요한 것을 남에게 덥석 맡길 수 있죠?

존리 '빨리 빨리' 돈을 벌려는 게 문제라고 생각해요. 한국의 금융현실의 심각성을 많이 느껴요. 어떻게 통장하고 인감도 맡기고, 그럴 수가 있는지 모르겠어요. 남이 나의 돈을 벌어주겠지라는 생각을 하는 것 자체가 심각한 겁니다. 부자가 되고 싶은 마음은 크지만, 겉으로는 아니라고 말하고, 속아서 큰 돈을 빨리 벌고 싶어 하는 사람들이 그렇게 많다는 것도 신기했어요. 결국 교육이 되어 있지 않은 거죠. 예를 들어, 길에서 만난 잘 모르는 사람이 1억 벌어준다고 하면, 돈 맡기겠어요? 포장을 하니 다 속는 거죠. 몇 천 명이 몇 천 억을 가져다 준 것이 정말 신기했어요.

제가 개인적으로 어떤 주식을 사라, 사지 말라는 말을 하지 않는 이유는 심각한 범죄의 소지가 있기 때문이에요. 어느 종목에 투자하면 큰 돈을 벌 것이라고 말하는 사람들은 의도가 순수하지 않은 거예요. 유튜브에 'A라는 주식이 좋다'고 이야기 하는 건 다른 의도가 있다는 걸 여러분도 아셔야 해요.

만약 A라는 주식을 만 원에 미리 사 두고, 인터넷에 이 주식 좋다고 말하면, 주가가 올라가겠죠? 그럼 만오천 원에 파는 거예요. 그러면 쉽게 돈을 버는 거예요. 이건 정말 큰 범죄입니다. 미국에서 어떤 사람이 이런 걸 했다가 FBI에게 조사받고 감옥에 간 일이 있어요. 그런데 한국은 이런 의식이 아직 없어서 금융 사기가 성행하죠.

정수현 저는 대한민국 상위 1% 보고서를 찾아 봤어요. 부채를 뺀 순자산이 30억 정도면 대한민국 1% 안에 든다고 하더라고요. 생각보다 적은 금액이라 놀랐어요. 강남 30평대 아파트가 30억 정도니까요. 최근에 스마트축산 스타트업에 투자를 했어요. 그 이유가 우연히 반클리프 목걸이를 지나가다 봤는데 2천만 원인 거예요. 목걸이 하나, 귀걸이 하나 한다고 생각하고 열심히 사업을 하는 후배에게 투자를 했어요. 1% 안에 드는 부자가 자산이 30억인데, 명품을 가지고 다니는 여자분들이 그렇게 많은데, 대부분 돈이 많아 보이잖아요. 제가 볼 때는 50%가 부자 같아 보여요.

존리 미국도 연봉 1억 넘는 게 5%가 안 돼요. 그러니까 30억은 굉장히 큰 돈이에요. 한국 사람들은 10만 원 쓰는 걸 쉽게 생각해요.

정수현 그래도 존리 선생님은 소비를 많이 하셔야죠. (웃음)

김현주 최근에 전세 사기가 미추홀구와 화곡동에서 일어났다고 뉴스에 났는데요. 아는 동생이 자기 가게에서 몇 년 전부터 전세사기단이 하는 이야기를 들은 적이 있다고 해요. 제가 이 이야기를 하는 이유는, 한국에 올바른 부자가 많아졌으면 하기 때문이에요. 지금은 올바르지 않은 부자들이 너무 많은 것 같아요. 부자라면 부정적인 영향력을 주는 사람들이라는 인식도 있고요. 부자하면 나쁜 사람, 남을 등쳐먹는 사람이라는 인식이 많아요. 그 동생이 가게에서 전세사기단이 하는 이야기를 듣고, "사람들한테 너무 위험한 거 아니에요?"라고 했는데, 그 사람들이 "사장님도 이거 돈 벌려고 하는 거 아니에요? 저희도 돈 벌려고 하는 거예요"라고 말했다는 거예요. '도대체 어떻게 사는 게 맞지'라는 물음이 굉장히 많이 생기는 요즘이었어요.

존리 맞아요. 전 세계적으로 사기꾼이 굉장히 많거든요. 그런데 한국 사람들이 특히 사기에 노출이 많이 되는 것 같아요. 미국에 있는 한인도 마찬가지구요. 방법은 금융문맹에서 벗어나 사기를 안 당하는 것, 그리고 다른 선진국은 사기죄에 대한 페널티가 굉장히 강력한데, 한국은 처벌이 너무 약해요. 그리고 미국은 누군가를 사칭하면 심각한 범죄에요.

예를 들어, 지금 저를 사칭하는 사람들이 굉장히 많은데, 경찰에 신고를 해도 아무런 액션이 없어요. 미국에서는 상상할 수 없는 일이죠. 버젓이 인터넷에 저라고 뜨는데, 신고를 해도 아무것도 안 해요. 결국은 금융 교육을 해야 전체적인 수준이 올라가요. 그 방법밖에 없어요. 다른 답이 없는 것 같아요. 부자에 대한 정의가 부정적이고, 포기하는 사람이 많고, 돈에 대한 인식이 잘못 되어 있다, 이게 우리가 지금 책을 쓰는 이유죠. '아직도 희망이 있다'라는 메시지를 줘야 해요.

김세환 좋은 부자와 나쁜 부자는 결국 돈을 대하는 태도에서 갈린다고 생각해요. 좋은 부자는 돈이 수단이고, 이 수단을 잘 활용해서 무언가 더 좋은 사람이 되기 위해 노력하는 거죠. 나쁜 부자는 돈이 목적이라 돈보다 중요한 것들을 소홀히 하고 돈을 벌기 위해서 오히려 사람을 수단으로 이용하려는 사람인 거죠. 저는 나쁜 부자가 되고 싶지 않아요. 그리고 아이들을 나쁜 부자가 되도록 가르치고 싶지도 않아요. 제가 좋은 부자가 돼야, 아이들도 좋은 부자가 될 수 있다고 믿고 있습니다.

저부터 돈을 소중히 여기는 태도를 가지려고 노력하고 있습니다. 그래서 저희가 모여서 나누는 이 대화가 너무 즐겁고 소중하고 큰 배움이 됩니다. 이 책을 읽는 독자분들도 꼭 함께 좋은 부자, 선한 부자가 됐으면 하는 바람입니다.

좋은 부자가 되는 법을 배우자

정수현 아직도 한국 사람 대부분이 주식은 도박에 가깝고, 불확실성이 크다고 생각해요. 일반 서민의 80%가 '부자=부동산'

이라고 생각하는 경향이 있어요. 존리 선생님이 주식을 해서 투자하고 자본수익을 늘려 가는 것을 이야기하시잖아요. 머리로는 존리 선생님 말씀이 이해가 돼요. 제가 건물도 관리해봤지만, 감가상각도 심하고, 사람 상대도 해야 하고, 관리하는 데 손이 많이 가요. 주식은 간단하잖아요. 그런데도 변동성보다 불확실성이 더 크다는 인식이 아직 있는 것 같아요. 건실한 주식에 어떻게 잘 투자해야 할지를 알려주는 게 중요할 것 같아요.

존리 주식을 통하지 않고는 중산층이 될 수가 없어요. 노동력만으로는 불가능하죠. 한국은 대부분 아직은 투자보다는 소비에 집중되어 있죠. 미국의 샤넬 매장에는 한국처럼 사람이 많지 않아요.

정수현 한국은 줄 서서 있잖아요. 정말 웃긴 것은 마케팅의 한 부분인지는 모르겠지만 명품 매장에서 라인을 걸어놓고 줄 세워서 한 명씩 입장 시키더라고요.

존리 소비에 대한 분명한 철학이 없으면 상술에 넘어갑니다. 소비를 많이 하게 되면 잠시나마 상류층이 된 듯한 느낌이 들게 해주거든요. 얼마 이상의 소비를 하면 발렛 파킹도 해주거든요. 교묘한 친밀감을 이용하는 거죠. 그것을 거부할 수 있는 것도 돈에 대한 인식의 차이죠. 돈을 잘 아는 사람들은 발렛 파킹에 전혀 연연하지 않죠.

김현주 요즘에 방송 보면 너무 여행을 가라고 권유를 하니까, 오히려 신물이 나더라고요.

존리 저도 그런 시각과 싸우는 게 힘들어요. "여행 가지 마"라고 말하면 오해를 많이 받죠. '내가 해외 가서 돈을 쓰지만, 나를 위해서 쓰는 것이다, 나에 대한 투자다'라고 생각하는 게 가장 위험한 생각이죠. 나의 노후를 깎아먹는 거라는 생각을 해야 하는데 말이에요.

정수현 제가 존리 선생님 이야기를 지인에게 했더니, "그 사람은 돈을 그렇게 많이 모아서 뭐한데?"라고 묻는 거예요.

존리 돈이 많고 적고가 문제가 아니라, 저는 그 돈을 그렇게 못 쓰겠어요. 너무 아까워요. 저는 친구가 골프 치러 가자고 해도 안 가요. 왜냐하면 그 시간과 돈이 너무 아까워요. 이제는 포기하고 골프에 초대하는 친구가 없어요.

정수현 이런 말도 있어요. 남자가 돈을 많이 벌면 바꾸는 게 세 가지인가, 다섯 가지인가 있다고요. 자동차, 시계, 여자, 구두, 집 같은 거요.

존리 저는 그런 라이프스타일이 정말 얄팍하고 부끄럽다고 생각해요. 그게 한국 교육의 문제인 거죠. 아까 말씀하신 좋은 부자가 나타나지 않아서 그런 것 같아요. 미국의 좋은 부자는 물질적인 것에 대해서 거의 이야기하지 않죠. 예를 들어서, 자기가 IT기업에 투자해서 돈을 많이 벌면, 아이들을 위해 다음 세대 창업을 위한 펀드를 만든다던가, 그런 일을 하는 거죠.

정수현 존리 선생님은 개인적인 사치는 안 하시는 거예요?

존리 돈을 자신의 사치를 위해 쓰는 것으로 한정하면 너무 슬프지 않나요. 저는 똑같은 3끼를 먹는데, 5천원 짜리 김치찌개 먹는 것하고 5만 원 짜리 먹는 것하고 뭐가 달라지나요? 인생의 목표가 좋은 차를 타는 것이라면 너무 허전하지 않을까요. 미국에서는 너무나 큰 부자를 많이 많났지만 그들의 자동차, 시계 등에 아무도 관심을 두지 않아요.

돈으로부터 자유로운 사람 = 행복한 부자

정수현 저는 존리 선생님이 미스테리에요. 대부분은 부유해지면 좋은 차도 몰고 그러잖아요.

존리   좋은 부자에 대한 개념은 정의를 내리기 힘든 것 같지만, 행복한 부자는 돈이 많고 적고가 아니라, 성경에 '진리가너를 자유케 하리라'는 것과 같은 것 같아요. 돈에 대한 개념이 확실하고, 돈을 소중히 다룰 줄 알고, 돈으로부터 자유로운사람은 행복할 수밖에 없어요.

그게 흔들리면 사회를 원망하게 되고, 관계가 끊어지고, 라이프스타일도 엉망이 될 수 있죠. 〈파운더〉 영화를 보라는 이유가 그 영화에는 우리가 하는 이야기가 많이 들어가 있어요. 맥도날드의 창업자는 맥도날드 형제이지만, 지금의 맥도날드를 만든 사람은 레이 크룩이라는 사람이에요. 이 영화는 그 사람에 대한 이야기에요.

영화 제목이 왜 '파운더'냐면, 레이 크룩이라는 사람이맥도날드 콘셉트를 보고 너무 흥분이 되서 그날 잠을 못 잘 정도였어요. 맥도날드의 비즈니스 모델을 보고 놀란 거죠. 고객들이 돈을 가지고 와서 음식을 가져가는 콘셉트를 보고 놀랐고, 그러면서 자연스럽게 그 맥도날드의 새로운 기회에 감동하고 골몰할 수 있게 된 것이죠. 그때가 53세라고 합니다. 단순히 돈에 대한 욕심이 아니라 일에 대한 열정이 중요하다고 생각해요.

그 다음에 가장 먼저 한 행동이 뭔지 아세요? 골프 멤버쉽을 끊은 거예요. 자기만 잘 먹고 잘 살고 하는 것에만 관심 있고, 본인이 원하는 삶을 살고 싶었죠. 나는 돈이 있으니까 벤츠 사고, 좋은 식당 가고, 이런 생활이 너무 감동이 없는 삶인 거예요. 적어도 저는 그런 라이프를 살고 싶지 않아요. 돈이 많다고 라이프가 달라지면 안 된다고 생각해요.

자녀들에게 돈에 대한 좋은 철학을 가르치면 돈에 대해 긍정적으로 생각할 것이고, 행복할 수 있는 가능성이 있죠. 돈에 대한 철학이 없으면, 100억이 있으나 200억이 있으나, 절대 행복하지 않아요. 돈을 계속 더 원하게 되는 거거든요. 그건 그냥 돈이 많은 사람이죠.

돈이 많은 사람과 부자는 달라요. 돈이 많은 사람은 그냥 돈이 많고 욕심이 끝없이 많은 사람이에요. 부자는 돈으로부터 자유로운 사람이고요. 저는 돈이 많은 사람 많이 만났어요. 그런데 부자들은 많이 못 만났어요. 부자들은 그 인품까지 따라와요. 그 사람의 인품, 철학, 인간에 대한 생각, 그게 다 포함된 거라고 생각해요. 미국 부자들을 보면, 공통점이 있어요. 첫째, 긍정적이다, 둘째, 도덕성이 높다, 셋째, 궁금증이 많다.

정수현 미국이나 캐나다, 유럽 선진국을 보면 엘리트들의 노블레스 오블리주가 있어서, 시스템 위쪽으로 올라갈수록 도덕성을 굉장히 많이 요구하더라고요. 도덕성이 부족한 사람은 아예 위로 갈 수가 없게 하는 시스템이 굉장히 잘 돼 있어서 일반 서민들이 저마다의 위치에서 행복할 수 있게 하는 시스템이라고 생각했어요. 이런 걸 보면, "가난은 나랏님도 구제 못한다"라는 속담도 있지만 반은 맞고 반은 틀리다고 생각해요. 국민 개개인이 노력해야 할 문제도 있겠지만 몇몇 북유럽 국가에서는 훌륭한 시스템 덕분에 국민의 행복지수가 높은 나라도 많습니다. 후진국과 선진국의 차이는 중산층이 얼마나 두터운가에 달려있다고 봐요. 오래전에 노르웨이 교육 관련 논문에서 " 내 행복은 타인의 행복 위에서 완성된다" 는 교육 철학이 있음을 알고 놀랐습니다. 행복한 이웃이 많으면 많을수록 자신의 행복지수도 올라갈 수밖에 없습니다. "요람에서 무덤까지"라는 복지 정책이 괜히 나온 게 아니죠.

'부자'가 되어야 하는
나만의 이유

—

부자가 되기 위한 시작은 절대 남과 비교하는 인생을 살지 않는 것이다.
스스로의 속도로 돈에 대한 개념을 찾으면 된다. 부자가 되려면
제일 먼저 자본가가 되어야 한다. 남을 위해 일하지 말고, 나를 위해
일하는 게 중요하다. 100% 나를 위해 일하는 것과 남을 위해 일하는 것은
다르다. 그건 결국 돈 버는 이야기에 달려있다. 결국 어떻게 투자하느냐,
소비를 어떻게 하느냐이다. 이를 위해서 자신만의
'부자가 되어야만 하는 이유'는 각자 다 다를 수밖에 없다.

존리　앞서 제가 미국 부자 얘기를 좀 했는데요. 그렇다면 여러
분들은 '부자'가 되어야 하는 자신만의 이유 같은 게 있을까요?

정수현　존리 선생님께서 해주신 미국 부자들의 가치관에 관한
것들은 정말 중요한 내용인 것 같아요. 자본주의가 급속하게
발전하면서 천박한 자본주의로 전락한 느낌이 들어요. 그래서
더 이중적인 속성을 사람들이 가지게 된 것 같아요. 따라가고
싶지만 경멸하는 태도가 동시에 있는 것 같아요. 철학과 교수
인 친구가 영국이나 유럽에서는 부자나 중산층의 개념이 외

국어를 한 개 정도 구사할 수 있는 능력, 다룰 줄 아는 악기 하나, 즐기는 스포츠, 구독하는 비평지나 철학서, 기부와 봉사유무라고 해요. 주로 정신적인 가치를 우위에 두고 있다고 합니다. 그런데 우리나라는 아파트 평수, 고급 자동차, 재산 유무라는 물질적인 기준으로만 놓고 본다고 씁쓸해하더라구요.

'부자가 되어야 하는 나만의 이유'는 30대부터 꾸준히 꿈 꿔 온 것 같아요. 경제적인 독립을 하고 싶었어요. 경제적인 종속은 정신적인 종속이라고 느꼈거든요. 더 나아가서는 타인이나 자식이나 가족에게 피해를 주는 경우를 많이 봐서, 나 자신만은 자녀나 남에게 의탁하지 않는 노후를 살고 싶었어요. 부자는 아니더라도 어느 정도의 부는 이루어야겠다는 생각을 했어요. 자본소득이 근로소득을 대체하는 시점이 부자가 되는 지점이라고 생각해요. 자유의지에 따라서 좋으면 일을 해도 되고, 안 해도 되는 시점인 것 같아요. 남에게 과시하는 부가 아니라, 나 스스로 행복해지는 부인 것 같아요.

김세환 저는 부자는 '내 자유를 담는 그릇이 있는 사람'이라고 생각해요. 어떤 사람은 그릇의 재질에 집중하기도 하고 모양에 집중하기도 하지만, 저는 그 그릇 자체가 있어야 한다고 생각해요. 그릇이 크고 적은 게 중요하다기 보다는 목이 마르면 물을 담고, 배가 고프면 밥을 담을 수 있는 그릇이 있어야 하고, 이 그릇을 스스로 보호해야 할 수도 있어야 한다고 생각해요. 누군가는 빨리 그릇을 크게 키우고 싶기도 하겠지만, 저는 찢어지거나 깨지지 않는 단단한 그릇을 만들어야 한다고 생각합니다. 저희 부모님이 항상 스스로 밥 챙겨 먹고, 그릇을 치우라고 하는데요. 자기 밥그릇은 자기가 챙기고, 스스로 치워야 한다는 거예요. 밥그릇만 있으면 소용 없어요. 스스로 밥그릇을 챙기고, 치우고, 씻고, 잘 보관하는 행위가 바로 어른의 모습이죠.

돈만 많은 건 소용 없어요. 스스로 돈을 모으고, 소비하고, 투자하고, 잘 모아야 하는 거죠. 그게 바로 부자라는 거에요. 저는 처음에는 단단한 철그릇을 만들고 싶습니다. 찌그러지더라도 깨지지 않는 단단한 철그릇이요. 돈에 비유한다면 부채로 쌓아올린 돈이 아니라, 제가 직접 만들어낸 자산과 같은 돈인 것이죠.

그리고 저는 단단한 철그릇을 만들고 그 노하우가 쌓이면 고려청자처럼 아주 멋진 명품 같은 그릇을 만들기 위해 노력하고 싶어요. 제 스스로가 그런 멋진 명품을 만드는 장인이 되는 거죠. 명품은 남들이 가치를 인정해주는 걸 명품이라고 하잖아요, 희소성이 높아야 하고요.

저는 제 능력으로, 올바른 방법으로 돈을 만들고 싶어요. 그리고 이 돈을 남을 위해 쓰고 싶어요. 돈이라는 그릇을 스스로 만들었을 때, 돈이라는 그릇을 더 멋진 명품으로 만들었을 때, 그때가 바로 돈으로부터 독립한 자유로운 상태라고 생각합니다.

존리 아주 중요한 이야기에요. 절대 남과 비교할 필요가 없어요. 스스로 자신만의 목표 속도 그리고 돈에 대한 개념을 찾아야 해요. 미국에 흑인 인구가 20%정도 돼요. 그런데 미국 경제 기여도가 2%에요. 그런데 유대인 인구는 2%인데 경제 기여도가 20%에요. 그 이유를 보면, 유대인은 돈을 벌게 되면 당장 소비를 하지 않습니다. 흑인의 경우는 그 반대현상이죠. 그릇에 담지 않는 거죠. 물같이 흘러 나가버리는 거죠. 지금 흑인들의 '블랙 캐피털리즘'이 유행하고 있어요. 한국도 'K-캐피털리즘'을 만들어야 해요. 소비로 나가는 걸 막고 투자를 해야죠.

김현주 첫날, 제 소개를 하면서 금융문맹을 고백하며 슬퍼했잖아요. 지금도 완전히 변하지는 않았지만 조금씩 변하는 것 같아요. 그런데 저는 여기서 제 앞에 앉으셨던 선생님이 주식을 통해서 부를 창출하신 분이라는 이야기를 들으면서, 선생님 옷에 있는 보풀을 봤어요. 그걸 아무렇지 않게 입고 계신 걸 보면서 '찐 부자들은 다른가'라는 생각을 했어요. 주변에 존리 선생님과 금융 공부한다고 말을 하면서 천박한 자본주의가 뭔지를 느꼈어요. 어떤 사람이 "그 사람, 차도 없다며?"
라면서 비아냥거리는 말에 "정말 차 없어?"라고 다시 물어보
는 대화가 정말 천박하다고 느꼈어요. 그러고는 더 이상 그 사
람들과 얘기를 안 하게 되더라고요.

　　이번에 저희 회사가 140억을 투자를 받았어요. 그래서
브랜딩을 바꾸려고 하는데 더 집중을 해요. 회사의 비전이나
철학을 바꾸려 하지 않고 왜 브랜딩만 바꾸려고 하냐고 말을
하고 싶지만, 그것에 심취되어 있는 사람에게는 안 들린다는
생각이 들었어요. 우리도 자신의 본질에 대한 생각, 자아에 대
한 정립이 아니라, 밖으로 알리는 일에 치우친다는 생각을 했
어요. 빈 수레가 요란하다는 생각밖에 안 들어요. 사치를 하고,
여행을 가서 느끼려는 게 아니라 인스타 사진 한 장 올리려는
게 보여요. 너무 겉치레에 치중되어 있는 전체적인 사회 분위
기가 안타까워요. 저도 저 스스로에 대한 철학이 명확하다면
너무 타인의 시선을 의식하지 않았을 텐데, 타인의 시선에 맞
춰서 살려고 했구나, 그런 생각을 했어요. 그러다 보니 빈곤하
게 되었고, 금융문맹이 되었구나, 깨달았죠. 바로 곁에 있는 내
조카도 보면 사교육에 초등학생인데도 60-80만 원씩 돈을 쓰
는 걸 보면서, 멈추게 하는 방법이 정말 없다는 생각이 들었어
요. 이건 '불안감'을 더 악화시키고 있는 것 같아요. 정확한 나
의 중심, 자아를 명확하게 갖고 살아가는 게 목표가 되었어요.

존리 '불안감'이 맞아요. 돈으로부터 독립이 되지 않으면, 모든 것에서 독립이 되지 않아요. 결국 남의 노예가 되는 거죠.

김현주 최근 신문기사에 연봉별로 1억을 모으는 기간에 대한 기사가 났어요. 한 달에 120 얼마를 쓴다는 가정 하에, 연봉이 8천 이상인 사람은 1년 하고 몇 개월이 걸리는데, 연봉이 3천인 사람은 12년 정도가 걸려요. 차이가 많이 나는 거예요. 이걸 보고 노력하고 있어요.

존리 한국은 구체적으로 ABC 실행 계획을 줘야 하더라고요. 그걸 깨닫는 데 10년이 걸렸어요. '안 가르쳐 주셨잖아요'라고 하는 거예요. 나는 다 가르쳐 줬는데 말이에요. 주입식 교육이 진짜 무섭다고 생각했어요. 학원 교육처럼요.

정수현 그럼 존리 선생님은 전체 자산의 몇 %가 주식이어야 한다고 생각하세요?

존리 미국에서는 계산을 110에서 자신의 나이를 뺀 거예요. 예를 들면, 20대는 110-20 = 90% 가지고 있어야 해요. 내가 60대면 110-60이니까 전체 자산의 50%를 주식으로 가지고 있어야죠. 그 이유는 다른 게 아니라, 변동성이 있으니까 그 변동성을 이기려면 시간이 필요하거든요. 저는 개인적인 생각이지만 부동산은 굉장히 어려울 거라고 봐요. 상가를 가지고 있다면 가능한 줄이는 게 좋다고 생각해요. 일본에 가서 강의를 했는데, 꽤 번화가인데 상가 30%가 다 비어 있어요. 어떤 건 건물 전체가 비어 있더라고요. 심각하다는 걸 깨달았어요. 부동산으로부터 큰 어려움이 있을 수 있다고 생각해요.

장서우 제가 생각하는 '부자'에 대해서 먼저 얘기를 드릴게요. 그룹핑을 하려면 항상 기준이 필요한데, 그런 통계로는 그룹핑이 어려울 것 같아요. 그게 기준이 되기는 어려울 것 같아서요. 객관적으로는 통계에 속할 수 있지만, 주관적으로 부자라고 느끼지 않을 수 있으니까요.

　'행복한 부자'라는 개념이 가장 어려웠어요. 과연 '행복한 부자'가 맞을까? '건강한 부자'가 맞지 않을까? 등 여러 생각을 했어요. '건강한 부자'라는 측면도 생각을 해봤어요. 저는 소비에 씀씀이가 큰 편인데, 사업을 위해서도 마찬가지에요. 존리 선생님이 주신 계산방식으로 계산을 해보니, 점점 초조해지더라고요. 저는 건강한 부자가 되기 위해서는 '내가 가지고 있는 자본을 일하게 한다'는 개념을 제대로 이해하고, 그 방법을 잘 터득하고 있어야 한다는 생각이 들었어요. 경제 공부를 꾸준히 해야 하는 게 좋을 것 같아요.

존리　영어 단어 중에 파이낸셜 피트니스(Financial Fitness, 경제적 건강)라는 말이 있거든요. 몸이 건강하기 위해서 운동을 하듯이 재정적인 건강을 위해서 돈이 일하게 하는 구조, 금융을 연습하고 훈련해야 하는 거죠.

장서우　그래서 저는 행복한 부자보다는 건강한 부자라고 생각했어요. 주위에 사회적으로 성공을 해서 많은 부를 축적한 분들이 많으시지만, 행복하지 않아 보인다는 생각을 많이 했거든요.

존리　많은 사람들이 나보고도 행복하게 보이지 않는다고 해요. (웃음) 건강한 부자도 좋고, 저는 '선한 부자'라는 개념도 좋은 것 같아요. 유대인이 돈을 많이 벌어야 하는 이유가 어릴 때부터 어려운 사람을 도와줘야 한다고 배워요. 돈에 대해 긍정적인 개념이 있어요. 그래서 유대인이 전 재산을 사회에 환원하고 생을 마감하는 이유가 그거죠. 한국 교육은 '너 혼자 잘 먹고 잘 살아라'라서 부자에 대해서 부정적인 생각이 있는 것 같아요.

　　부자가 되려면 제일 중요한 건, '자본가가 되라'고 하죠. 그런데 많은 사람들이 그걸 이해하지 못해요. '남을 위해 일하지 말고, 나를 위해 일하라'는 게 중요하죠. 100% 나를 위해 일하는 것과 남을 위해 일하는 것은 다르죠. 결국 어떻게 투자하느냐, 소비를 어떻게 하느냐. 자본가가 되는 부분은 창업하거나 월급의 일정 부분을 투자하는 것이죠.

인간의 본성은 역사적으로 '지배당하기 싫은 것'이라고 생각해요. 돈을 가지면, 돈 자체가 내 '파워'잖아요. 누구나 파워를 원하죠. 사람들은 계속 왜곡된 기억을 받아온 것 같아요. '돈이 중요하지 않다'는 말은 거짓말이죠. 그에 대한 생각의 자유가 필요하죠. '돈이 중요하다'는 걸 알아야죠. 대신 남을 지배하기 위해서 필요한 건 아니다. 하지만 근본적으로 남을 지배하고픈 욕망이 있어요. 다른 사람을 지배하고 싶은 욕망은 부정할 수 없지만, '선한 목적'으로 돈을 모아야 한다는 걸 교육해야 한다고 생각해요. 그 자체를 부정할 수는 없어요.

미국은 돈의 파워를 인정하죠. 돈으로 편할 수 있죠. 하지만 한국은 돈을 써서 무언가를 하는 걸 굉장히 부정적으로 보죠. 예를 들면, 미국의 대학교는 많은 금액을 기부하면 자녀가 그 학교에 들어갈 가능성이 높아지죠. 하버드나 기타 아이비리그 대학들은 부모가 졸업생이면 자녀들이 들어갈 수 있는 확률이 높아지죠. 돈의 파워를 인정하죠. 그런데 한국은 돈이 있으나 없으나, 많은 금액을 내도 똑같이 입학해야 공정하다고 생각합니다. 돈의 파워를 인정하고 제대로 써야 하는 법을 교육해야 한다고 봐요. 변형된 평등의식을 가르쳐서 돈이 있는 사람과 없는 사람이 별 차이가 없다고 배우는 거죠. 돈의 파워를 부정하는 교육을 받은 거예요. 이건 인간의 본성을 부정하는 부분이라고 생각해요. 오히려 욕망과 돈의 파워가 그 자체로 나쁘다고 생각하지 않아요. 욕망과 돈의 파워를 인정하고, 좋은 부분으로 이끌어 가야 한다고 생각해요. 그걸 부정하면 더 많은 부작용이 생긴다고 생각합니다.

미국이나 유럽의 공항에서 비행기를 탈 때 비즈니스나 퍼스트클래스 티켓을 갖고 타는 승객은 들어가는 입구가 달라요. 한국은 비즈니스나 퍼스트나 똑같이 기다려야 해요. 그건 자본주의 시스템이 아닌 거죠. 미국과 달리 한국에서는 돈을 쓰고 정당한 권리를 받는 것에 대해서 익숙하지 않은 것 같아요.

정수현 하지만 알게 모르게 자본주의 사회도 계층은 존재하는 것 같아요.

존리 당연히 계층은 존재하죠. 하지만 노골적으로 나타내지 않는 거죠. 노골적이지 않다보니 왜곡이 심하게 됩니다.

김현주 계층도 그렇지만 인정을 정말 안 하는 것 같아요. 한국은 '나도 안 되지만 너도 잘 되면 안 된다'는 의식이 있는 것 같기도 해요. 정말 뛰어난 인재가 나오기 어려운 구조라고 생각해요. 인정을 안 하는 사회 분위기 때문이 아닐까 생각해요.

존리 자본주의는 인간의 욕망을 좋은 쪽으로 권장하는 거예요. 나는 능력이 100인데, 10인 사람한테 맞출 수 없잖아요. 그런데 사람들을 다 같이 10에 맞추라는 교육은 자본주의에 맞지 않죠. 사회가 후퇴하는 거죠. 인간의 능력을 인정하지 않는 거죠.

정수현 평준화라는 미명 하에 일어나는 일인 것 같아요. 저도 회사에서 오래 버티려면 너무 잘 나거나 너무 못 나가면 안 된다는 말 많이 들었어요.

존리 한국이 정말 변해야 한다고 생각해요. 저는 그게 돈으로부터 변화가 시작된다고 봐요. 능력에 따라 연봉의 숫자가 달라져야죠. 인간의 돈에 대한 욕망을 좋은 방향으로 이용하는 게 중요한 포인트인 것 같아요.

김현주 저는 질문이 있는데, 선한 부자, 건강한 부자, 행복한 부자 등 부자에 관한 다양한 말이 나왔잖아요. 저는 올바른 부자라는 표현을 쓰고 싶었어요. 올바른 부자들이 사회에 드러나는 방법들이 없을까요? 이들이 너무 감춰져 있어서, 우리들이 너무 멀리 있다고 인식하는 것 같아요.

존리 올바른, 선한 부자를 생각하면, 기부 많이 하는 사람이라고 생각하는데, 그건 일차적인 생각이에요. 좋은 예가 세레나 윌리엄스에요. 세계 챔피언을 너무나도 많이 한 테니스 스타로 최근에 젊은 흑인들이 창업한 기업을 펀딩해주는 일을 시작했어요. 세레나 윌리엄스가 가진 파워는 테니스 백핸드보다 돈으로 사회를 바꾸는 게 훨씬 더 크다고 말해요. 그게 정말 좋은 예죠. 펀딩 조건이 두 가지에요. 하나는 젊은 흑인이어야 할 것, 나머지 하나는 한 번도 시도해보지 않은 일을 할것, 이런 부자가 파급효과가 많은 거죠.

한국도 연예인들이 영향력이 크잖아요. 인지도가 높은 연예인들이 금융 교육을 받았다면 훨씬 더 나은 영향력을 끼쳤겠죠. 안타까운 것이 연예인들 돈 벌었다고 하면 강남에 빌딩 샀다는 이야기만 하잖아요. 최근에 어떤 연예인을 만났는데요. 제 유튜브를 보고 '자기는 왜 재산이 없지?' 하고 깜짝 놀랐데요. 그래서 만나자고 연락이 와서 만났어요. 자신이 금융문맹이었다는 얘기를 하더라고요. 선한 부자라는 건 고아원 찾아가고, 그런 게 아니라, '나도 부자가 될 수 있었으니, 너도 부자 될 수 있다'는 메시지를 줘야 한다고 생각해요. 미국의 마이클잭슨이 부른 〈We are the world〉처럼 그런 노래도 한국에서 만들면 좋겠어요. K-캐피털리즘이 만들어지면 좋겠어요.

정수현 "주식은 국부다"라는 슬로건으로 존리 선생님도 누차 강조하고 계시지만 주식 보유자가 많을 수록 국부 창출의 원동력이 될 수 있다고 생각합니다. 이제는 부동산에서 벗어나서 IMF 시절 금 모으기 운동처럼 오천만 국민이 한 주 갖기 운동을 펼쳤으면 좋겠어요.

3장

나부터 부자가 되는
부자국가

함께 읽은 책

《금융의 지배》
니얼 퍼거슨 지음, 민음사

금융문맹에서 벗어나면
사기를 당하지 않는다

—

금융문맹에서 벗어나면 가장 큰 혜택은 금융 사기를 안 당한다는 것이다.
금융 지식이 진짜 필요한 이유는 첫째, 금융 지식의 부족으로 인한
사기를 면할 수 있고, 둘째, 주식 투자 비중이 높으며
셋째, 장기 투자를 할 수 있는 마인드를 갖출 수 있다는 점이다.
투자는 결국 시간을 이용해 투자금의 실적을 높이는 것으로,
젊은 사람에게 절대 유리할 수밖에 없다. 따라서 갑자기 부자가 될 수 있는 게
아니고 시간에 투자하는 것이며, 투자하기 가장 좋은 때는? 바로 지금이다.

로맨스 스캠, 이메일 사기에 당한 사람들의 이야기

김현주 최근에 한 달 동안 '로맨스 스캠'이라는 거에 사기를
당할 뻔했어요. 홍콩 남자라는 사기꾼이 인스타에 있는 제 설
악산 사진을 보고는 "여기 어디야?"라고 말을 걸었어요. 그
때 마침, 저번 모임 끝나고 '나도 투자를 해야 하는데' 생각하
고 있던 찰나였어요. 그 애가 자기는 암호화폐로 돈을 많이 벌
었다고 하면서, "너는 하루 종일 일하지만 나는 하루 3시간만
해"라는 거예요. 이야기를 하면서 급속도로 친해지고 하루에

15번씩 연락을 하면서 가스라이팅을 하더라고요. '나는 밥 먹어' 하면서 요리사진도 보내고요. 너무나 자연스럽게요.

그게 왜 로맨스 스캠이냐면 갑자기 친해지면서 '허니'라고 부르면서 사기를 당한 사례가 캐나다에서 있었거든요. 저한테도 암호화폐 투자를 하라는 거예요. 그러다가 저는 '사기다'라고 깨닫고 빨리 돈을 뺐어요. 그리고는 사람들이 당하면 안 되겠다는 생각이 들어서 블로그에 글을 썼는데, 댓글이 120개가 달렸어요. 사람들이 생각보다 많이 당했어요. 저에게 연락 온 분들 중에 최대 2억이 2명이나 있었어요. 어떤 남자분은 틴더를 통해서 만난 여자가 사기를 친 거예요.

이 사람들의 수법은 처음에 100만 원을 넣어요. 그럼 3만 원, 5만 원 수익을 내게 해줘요. '내일 이 시간에 하자' 하고 헤어져요. 다음 날은 수익이 10만 원이 되는 거예요. 그러면서 '돈 더 넣어야 하지 않겠어?'라며 500만 원, 1000만 원 단위를 넣으라고 해요. 돈이 없다고 하면, 제 암호화폐 지갑에다가 그 사람들이 돈을 꿔서 줘요. 그 돈이 들어가는 순간, 1억 7천이 돼요. 그러면 사람들이 미치는 거예요.

피해자 대부분이 유부녀들이에요. 여성의 금융문맹이 정말 큰 문제라는 생각이 들었어요. 제가 돈을 빼니까, 사람들이 어떻게 뺐냐고 물어보더라고요. 그래서 제가 설명을 해주면, 암호화폐를 처음 한다는 거예요. 제가 "어떻게 믿고 3천만 원을 넣었어요?"라고 물었어요. 다른 어떤 분은 아이의 보험금을 넣어야 하는데 그걸 사기를 당했어요. 그 사람들이 돈을 빼 달라고 하면, 돈 빼려면 보증금이 필요하니 백 만 원 더 넣어라, 천 만 원 더 넣어라, 그렇게 늪으로 빠지게 되는 것입니다.

장서우 저는 독일에서 누가 제 인스타그램 사진을 도용해서 그런 일을 했다고 연락이 오기도 했고 동남아 어느 나라에서는 왜 본인 남편이랑 DM을 나누냐는 메시지를 받기도 했어요. 정말 당황스러웠죠.

김현주 그 경우는 계정까지도 도용할 수 있어요.

김세환 이 주제를 돈으로 연결해보자면, 제가 보기엔 판단력이 없는 것 같아요. 반대로 의존도가 심해지지 않도록, 돈에 대해 깊이 있게 생각하고, 스스로 판단하고 의존하지 않도록 충분한 연습이 필요하다고 생각해요. 학교에서는 아이들이 생각하는 것을 싫어해요. 정답을 알려주길 바라고. 어쩌면 이런 것들이 존 리 선생님께서 책에서 말씀하셨던 '시험' 때문이라는 점에서 격하게 공감하기도 했습니다.

김현주 사기에 속은 분들을 보면, 너무 열심히 사시는 분들이에요. 낮에 일하고 밤에 쿠팡에서 일하는 분들도 계실 정도로, 자신의 삶에 충실하세요. 그런데 그런 분들이 왜 사기를 당했을까라는 생각이 드는 거예요. 그분들은 일확천금을 노린 것도 아니고, 단지 친근하게 다가온 사람들에게 속은 것뿐이잖아요.

존리 그건 금융 지식이 부족했기 때문이라고 봐요. 금융문맹에서 벗어나면 가장 큰 혜택이 사기를 안 당한다는 거예요. 그런 스팸이 있었어요. '내가 나이지리아 대통령의 금고를 지키는 사람인데, 대통령이 2천만 불을 해외로 보내야 한다. 네 계좌를 잠깐 빌려줄 수 없냐'는 이메일을 보내는 거예요. 그러고는 '내가 2천만 불 보내줄게' 하고 계좌를 보내라고 해요. 사람들이 생각하기에, 돈을 보내라는 것도 아니고, 혹시 돈이 올지도 모르니까 계좌번호를 주는 거예요. 계좌번호를 주면 일단 걸린 거잖아요. 그럼 그 다음 이메일 내용이 '내가 너를 믿어야 하지 않겠니? 나한테 200불만 보내봐라'고 하는 거예요. 생각을 해보세요. 이 사람은 전 세계 수천만 명에게 이메일을 보낸 거예요. 10명이면 2천 불이죠, 100명이면 2만 불이죠. 이게 엄청 큰 돈인 거예요. 이걸 FBI가 조사에 들어갔어요. 알고 보니 가장 많이 걸린 사람이 한국 의사들인 거예요. 그 똑똑한 한국 의사들이요. 이거야말로 금융문맹이 제일 높다는 걸 나타내는 거라고 봐요.

돈도 알고 맡겨야 한다

존리 '모닝스타'라는 회사가 있어요. 그 회사는 각종 펀드들을 리서치해서 고객들에게 제공하는 회사죠. 그리고 펀드를 운용하는 펀드매니저와 연락을 해서 펀드매니저의 운용철학을 보고 점수를 부여해요. 별 다섯 개가 가장 좋은 펀드이고 아주 드물죠. 모닝스타를 보고 사람들이 결정을 해요.

정수현 우리나라는 그런 시스템이 없지 않나요?

존리 한국에 모닝스타가 들어온 것으로 알고 있어요. 그런데 별로 성공하지 못한 것 같아요.

정수현 내가 직접 투자를 못할 때는 전문 투자가를 선정할 수 있는 안목이 있어야 할 것 같아요. 내가 선택할 수 있는 역량을 내 스스로 먼저 키워야 하는 거겠죠?

존리 넷플릭스에 나온 〈월가의 괴물〉이라는 다큐멘터리 영화 꼭 보세요. 메이도프Madoff[4]라는 사람에 관한 영화인데, 미

---

4   버나드 메이도프: 나스닥 증권거래소 위원장을 역임한 증권 거래인. 역사상 최대규모의 펀지사기 주동자.

국의 나스닥 체어맨이었던 사람이에요. 굉장히 존경받는 사람이었는데, 감옥에서 150년 징역을 받아요. 그 사람이 사기 친 금액이 70조예요. 결론적으로 소시오패스에요. 이중 라이프를 산 사람이에요. 이 사람이 70조라는 고객의 돈을 가지고 한 번도 투자한 적이 없어요.

외로운 사람 두 번 울리는 로맨스 스캠 주의보

정수현 그게 어떻게 가능하죠?

존리 미국에 금융 위기가 오면서 잡히게 됐어요. 엄청나게 돈 많은 부자들이 이 사람한테 돈을 다 맡긴 거예요. 근데 체크를 안 한 거예요. 제가 미국에서 살던 동네도 메이도프 영향을 크게 받았어요. 미국에서 유대인 동네 중에서도 아주 부자 동네인데도요.

이 동네에는 아주 좋은 골프장이 있는데 이 골프장의 멤버가 되는 것은 아주 까다롭죠. 대부분의 멤버들은 유대인인데 메이도프에 사기를 당해서 골프멤버쉽 비용을 지불할 수 없게 됐죠. 할 수 없이 새로운 멤버들을 영입해야 하는데 지금은 한국분들의 숫자가 많이 늘어난 것을 보고 한국인의 위상을 알 수 있게 됐어요.

김현주 시리즈가 4개인데 시리즈 1의 제목이 되게 재밌네요. 〈실패자가 되느니 거짓말쟁이로 살겠다〉

존리 어렸을 때부터 이 사람은 돈에 대한 집착이 굉장히 많았던 사람인데, 아주 평범한 집에서 태어났어요. 나스닥을 컴퓨터를 통해서 거래를 하는 방법을 만들어서 돈을 많이 벌었죠. 하지만 만족을 못하고 자신의 명성을 이용해 남의 돈을 받아서, 그 돈으로 요트도 사고 집도 산 거죠. 왜 소시오패스냐면 이 사람들이 겪을 고통에 대해서 생각을 못하는 거예요.

김현주 우리나라에도 이런 거 되게 많잖아요. 최근에 루나도 그렇고요. 저는 루나가 엄청난 사기라고 보거든요.

존리 코인에 대해서는 이래라 저래라 할 수 없는 게, 저는 이해를 못해요. 이게 가치가 있는 건지, 어떤 화폐 단위인지, 자산인지, 자산이라고 하면 가치가 100만 원이 맞는지, 1억이 맞는지, 알 방법이 없어요.

정수현 어디선가 제가 읽었거든요. 코인에 대해서 나왔는데, 각국 세계 정부가 권력을 행사할 수 있는 수단이나 도구가 화폐잖아요. 만약에 코인을 사람들이 하게 되면 국가의 권력이

나 체제 유지 수단이 발휘될 수 없기 때문에 정부에서 인정해 줄 수 없다, 그렇기 때문에 아직은 조심해야 된다.

존리 그것도 맞는 말이에요. 사람들은 믿고 싶은 것만 믿으려고 해요. 남들이 돈을 어떻게 벌었다고 하면 과정은 중요하지 않고 숫자에 솔깃하게 되죠. 사기를 치는 사람들은 항상 자기가 몇 % 벌었다고 자랑합니다. 한국에서는 사기 치는 게 너무 쉬운 거죠. 1년 만에 100% 벌었다는 사람들을 믿고 싶은 거예요. 100% 사기인 거잖아요.

정수현 요새 그런 피싱 있어요.

존리 금융 지식이 진짜 필요한 이유가 그거예요. 금융문맹이 있는 사람과 없는 사람의 차이가 있어요. 금융문맹이 아닌 사람은 첫 번째, 사기를 안 당한다. 두 번째, 주식 투자 비중이 높다. 셋째, 장기 투자한다.

금융문맹에서 벗어나면 그 사람의 라이프가 긍정적으로 바뀝니다. 단기 투자 한다든가 코인에 몰빵한다거나, 사기를 잘 당한다든가, 일확천금을 노린다던가, 그런 게 다 금융문맹이죠.

투자라는 거는 시간이라는 전제조건이 있어요. 그렇기

때문에 젊은 사람한테 절대 유리합니다. 물이 위에서 아래로 흐르는 것 같은 그런 진리죠. 갑자기 부자될 수는 없다고 생각해야 해요.

정수현 몇 년을 기다려야 돼나요?

존리 아주 오래 투자해야 해요.

유대인도 속은 금융 사기

김현주 저는 〈월가의 괴물〉 다큐멘터리 중에서 가장 마지막 장면에 메이도프가 "믿은 만큼 당한 것"이라고 말하는 부분을 보면서 너무 마음이 아팠거든요.

존리 그 사람한테 속은 사람들도 다 인텔리전트한 사람들이거든요. 전 세계 유명 유대인이 다 당한 거예요.

김현주 저는 왕실과 중간에 매니저 역할을 하신 분이 너무 안타까웠어요. 왜냐하면 그 분은 메이도프가 한 말처럼 끔찍하게 그 사람을 믿었거든요.

정수현 그 사람도 나쁘지만, 더 악질은 그 사람을 이용해서 돈을 줬다 뺐다 하는 사람들인 것 같아요. 이익률이 900%라고 하더라고요.

존리 그 사람들은 전혀 손해를 안 봤죠.

정수현 생각보다 인간이 나약하기도 하고, 요행을 많이 바라는 심리가 있는 것 같아요.

존리 맞아요. 그래서 금융 지식이 주는 첫 번째 혜택이 금융 사기를 안 당하는 거예요. 얼마 전에도 어떤 사람이 저한테 "이 회사 투자하면 어때요?"라고 물어봤어요. 그 회사가 나스닥에 상장할 계획이 있다는 거예요. 그리고는 서류 2장을 보여주는 거예요. 그런데 2장짜리 서류를 보니 나스닥에 상장을 하기 위해 어떤 회사와 컨설팅 계약을 맺는다는 내용이었어요. 그것을 가지고 나스닥 상장했다고 하는 거였어요. 영어로 되어 있어서 그런지, 이 분이 내용을 제대로 몰랐던 거죠. 멀쩡한 회사 고위직에 다니는 사람이 그걸 물어보는 걸 보고, 제가 한국의 금융문맹이 심각하다고 생각했어요. 자기가 잘 아는 지인인데, 10억을 투자하라고 했다는 거예요. 100% 사기죠.

김현주 그게 존리 선생님이 아니라, 다른 사람에게 물었으면, "좋네, 투자해"라고 쉽게 얘기를 들었을 거고, 그랬으면 사기를 당했을 거예요.

존리 그래서 대한민국에 사기꾼들이 설칠 수 있는 거예요. 한국에 지금 저를 사칭하는 사람이 너무나 많아요.

김현주 그런 분들을 보면 정말 안타까워요. 뭐라고 할 말이 없는 거예요. 그분들이 "내가 바보 같아요"라고 말하면, 제가 "공부하세요"라고 해요. 그런데 또 공부하기는 싫은 거예요. 이게 아이러니한 부분인 것이 피 같은 돈인데도 불구하고, 누가 대신 해줬으면 하는 마음이 있는 거예요. 그게 너무 안타까워요.

트레바리에서 '홍진채'라고 하는 투자 전문가가 하시는 모임을 가봤는데, 제대로 안 읽고, 제대로 알지 못하면서 떠들면 '잘못된 투자'라고 딱 찍어주세요. 매번 그분 클럽은 빠르게 종영되거든요. 그런 거를 쫓아가다 보면 커뮤니티가 형성되고, 그러다 또 파생이 돼요. 저는 그런 게 더 선한 영향력이라고 생각해요.

존리 다행이네요. 예방 효과가 커요. 요즘에는 투자하는 것에 대해서 부정적인 생각이 많이 사라졌죠. 몇 년 전과 비교해 많이 달라졌죠.

김현주 저희 부모님마저도 옛날에는 '투자하면 다 망해'라고
하시면서 주식 투자에 정말 부정적이셨는데, 지금은 주식 투
자를 하라고 돈을 주세요. 그런 걸 보면 이분들도 바뀌고 있는
데, 사회가 바뀌고 있다는 생각이 들어요.

결이 맞는 사람과
지내라

—

주식 투자는 '몇 % 올랐나 내렸나' 하는 도박이 아니고
다양성과 창의성을 발휘해
남들과 다른 생각을 할 수 있는 금융 철학이 중요하다.
주식 투자는 가격을 맞추는 게 아니라 시간에 투자하는 것이다.
좋은 주식을 갖고 있거나 좋은 펀드를 갖고 있으면
그 돈이 시간이 지나면서 성장하고 있는 것이다.

주식투자클럽이 필요한 이유

김현주 저는 같이 모임하는 분들에게 우리는 '경제문맹'이라
고 하면서 스터디를 하자고 했어요. 한 달에 한 번씩 모여서
경제 책 읽고 공부를 좀 하자고 했거든요.

정수현 그런데 절대 사람들이 안 해요. 저도 주위 친구들에게
경제를 잘 모르고, 책 읽는 거 좋아하니까, 경제 관련 스터디
하자고 했는데, 안 되더라고요. 그래서 이 모임에 나오게 된

이유도 있었습니다.

존리 억지로 설득할 필요가 없어요. 앞으로 많아질 거라고 생각해요.

김현주 제가 지금 트레바리를 8년째 하고 있는데, 거기에 60대 분들이 5명이나 계세요.

정수현 저는 오히려 젊은 사람들에게 이걸 알려주고 싶어서.

존리 그런데 이제부터는 나이가 중요한 게 아니에요. 긍정적인 생각을 갖고 있는 사람들과 자주 교류해야 해요.

정수현 저는 모태 친구들이어서… 지금까지 열심히 노력하면서 살았는데, 조지 클루니까지는 아니라도, 죽기 전에 여유가 있으면 다니면서 밥 한끼라도 대접하고 싶고, 여행 경비라도 지불해주고 싶거든요.

존리 10년, 20년 후면 가능하죠. 그걸 하려면 주위에 생각이 비슷한 사람들이 있어야 해요.

김세환 돈에 대해 얘기를 해야 한다고 생각해요. 이야기의 주제를 함께 공유하면서 대화할 사람들 말이죠. 오랜만에 친구들을 만나면 다들 하는 얘기가 똑같아요. 직장은 어떤지 안부를 묻고, 다시 옛날 추억 얘기를 하고 그러면 할 얘기가 없어요. 돈에 대한 얘기를 하더라도 돈을 함부로 다루는 얘기는 조심해야 돼요. 마치 다른 사람을 험담해서는 안 된다는 것처럼 말이죠. 옛날 추억 얘기가 끝나면 골프, 부동산, 주식 얘기로 이어져요. 꼭 세 개는 해야 한다면서요.

"꼭 골프는 젊어서 배워야 해."

"꼭 여기에 집을 사야 해. 무조건 올라."

"꼭 이 주식을 사야 해, 너만 알고 있어."

이런 얘기를 하는 사람들과는 함께 시간을 보내거나, 투자하는 것은 조심해야 한다고 생각해요.

존리 한국에서는 골프에 너무 집착하는 것 같아요. 골프는 물론 좋은 운동이지만, 온 국민이 할 필요는 없다고 생각해요. 저는 일본이 일본 경제를 어렵게 만든 것이 골프와 부동산이라고 봐요. 일본을 무기력하게 만든 것 중에 하나라고 생각해요.

정수현 그리고 댓글 보면 무조건 나쁜 말을 쓰는 거예요.

존리 그런 말을 하는 사람은 피해야 해요. 훈련을 해야죠. 짧은 인생에서 좋은 말을 하는 사람만 만나도 부족한데, 그런 친구 만나서 시간 낭비할 필요가 없죠.

우리 와이프를 보면 미국에서 겪지 못했던 일들을 한국에서 많이 겪었어요. 다 그런 것은 아니지만 대체로 미국에서 만난 교포들은 금전적이나 심리적으로 굉장히 여유가 있어요. 하지만 한국에서는 너무 급하고 매사를 비교하는 것이 불편할 때가 있어요. 미국에서 만난 교포들은 굉장히 겸손해요. 돈 자랑하거나 하지 않아요.

정수현 그럴 필요가 없을 것 같아요.

존리 비교의식 때문에 그런 거죠. 그래서 얘기하는 거예요. 그런 친구들을 모아야 하는 거예요. 예를 들어서, 이런 모임이 보편화가 되면 그런 사람들이 늘어나죠. 제가 주부투자클럽을 만들려는 이유죠. 그리고 대한민국 최초의 초등학교 주식투자클럽을 만들고 싶거든요. 이제 아이들에게 대한민국 금융을 가르치고 싶어요.

김현주 선생님 교육하시는 학교에서 하시면 되잖아요.

존리　하고 있죠. 그래서 지금 키즈투자클럽을 해서 네트워킹을 하려고 해요. 강의로 끝나는 게 아니고 10명 20명 30명이 되면 미국처럼 이제 주부 네트워킹을 해서 모두들 투자 얘기하고요.

　　　미국에는 주부들이 모여서 주식에 투자하는 모임이 많아요. 단순히 돈을 벌고 안 벌고가 아니라 테슬라를 보면서 일론 머스크라는 사람을 보면서, 우리 아이들이 꿈을 키우는 거죠.

불로소득이 주는 유익

존리　제가 최근에 미국에 갔다 왔는데 아는 사람의 친척이 고등학교 교사였는데 은퇴를 했어요. 미국 고등학교 교사는 월급이 굉장히 작아요.

　　　그분이 은퇴를 하셨는데 20년 전에 애플 주식을 만 불어치를 산 거예요. 만 불을 샀는데 바쁘게 살다보니 투자한 사실을 잊어버린 거예요. 가끔 돈이 필요할 때 와이프한테 이제 팔자고 그랬는데 와이프께서 어떻게 파는지 모른 거예요.

　　　제가 주식 투자에 성공한 사람들은 다 비밀번호를 잃어버린 사람들이라고 얘기를 하는데, 실제로 그 사람은 어떻게 파는지 몰라서 매일 남편한테 잔소리를 들은 거예요. 그래서 다음에 팔지 다음에 팔지 하다가 또 잊어버린 거예요. 요만

큼도 다른 데 쓰지 않는 사람인데, 이 사람이 갑자기 친척들한 테 여행을 같이 가자고 제안하면서 여행비를 자신이 부담한다고 하더래요. 여행지 가서 얘기를 해주는데 우연히 자신의 주식계좌를 체크를 했는데 동그라미가 너무 많더래요. 한 200만 불이 된 거예요.

투자는 시간에 투자하는 것을 실감한 것이죠. 고르는 것도 굉장히 중요하긴 하지만 그것보다 중요한 건 시간에 대한 이해죠. 워렌 버핏이 엄청난 부자가 되는 이유도 시간에 투자했기 때문이지 특별히 주식 고르는 능력이 뛰어난 게 아니거든요. 금융에 대해서 자신이 전문가라고 함부로 이야기하면 안 돼요. 사실은 금융전문가라는 직업은 없어요.

정수현 심지어는 금융권에 있는 사람들조차도 그런 사람들 얘기를 듣고 중국 펀드나 베트남 펀드에 투자하더라고요.

존리 그런 경우 있죠. 제가 제일 놀랐던 건 메리츠 회사 직원 중에 주식 투자한 사람이 없었어요. 그러니까 놀라운 일이죠. 펀드매니저도 자기 펀드에 투자를 안 하는 것은 심각한 문제죠. 그 문제가 문제라는 것도 모르는 정도라는 것에 너무 놀랐죠.

정수현 그리고 남한테 들게 해서 남은 피해를 주고 자기는 안 되는 거잖아요.

존리 미국에서는 펀드 가입을 권유 받으면 펀드매니저에게 당신은 그 펀드에 얼마큼 투자하고 있냐고 물어요. 그 질문을 대부분 합니다. 상당 부분 자신의 재산이 들어가 있습니다라고 대답하면 투자가들은 안심을 해요. 그런데 한국에서는 그 개념이 없었던 거죠.

주식 vs 부동산

정수현 저에게 이솝 우화 같은 친구들이 두 명 있는데요. 한 명은 코로나 전에 10억이 있었어요. 마포에 아파트가 시가로 한 7, 8억 됐었어요. 근데 두 명의 친구가 전세를 살았어요. 다 여유가 있는데도 전세로 사는 거예요. 한 친구는 아니 저런 집이 무슨 7~8억이나 되냐, 그러면서 자기는 새 아파트를 돌아다니면서 전세로 계속 살 거라고 하더라고요.

또 한 친구는 7억짜리 집을 주위에 친구들한테 꿔가지고 8억에 산 거예요. 그랬더니 친구들이 "야, 너는 무슨 집을 쇼핑하듯이 그렇게 사냐"면서 막 뭐라 그랬어요. 근데 그 집이 코로나 때 20억이 되고 25억까지 가고, 10억을 갖고 있던 친구는 6억짜리 전세 살다가 전세가 10억까지 가니까 30여 평 전세

살다가 25평으로, 25평이 이제 안 되니까 스트레스 받아서….

존리 그거는 미국도 그랬어요. 근데 그 경우는 굉장히 운이 좋은 것이고 과학적으로 설명할 수 없는 거죠. 짧은 기간에 보면 우리가 이해하지 못하는 경우가 있어요.

그런데 그게 나를 지배하면 안 돼요. 예를 들어서, 코인 같은 건 더 하죠. 코인 때문에 얼마나 많은 사람들이 자살을 해요. 미국 같은 경우는 더 했어요.

저는 미국에 부동산을 많이 갖고 있었거든요. 저는 룰이 반드시 있었어요. 부동산 살 때 룰이 굉장히 보수적으로 부동산을 접근하자는 거였어요. 한 달 월세가 집값의 1%가 안 되면 안 샀어요. 예를 들어 10억이다, 그러면 한 달에 월세가 천만 원이 아니면 건드리지도 않았어요. 굉장히 보수적으로 했죠.

미국의 경제 위기가 2008년에 왔잖아요. 그때는 미국이 미쳤어요. 내가 집을 사려고 계약을 하면요. 은행에서 그 다음 날 나와요. 100%까지 대출이 나왔어요. 빌려주면서 직업이 뭔지 물어보지도 않았어요. 그야말로 노도큐먼트(No documentation)였죠. 큰일이 났구나, 생각했어요. 결국은 경제 위기가 와서 집 산 사람들이 다 파산됐잖아요.

정수현 아니 근데 우리나라가 여태까지는 계속 그랬거든요.

존리　안 그렇죠. 잘못 알고 있는 거예요. 부동산을 30년에 투자한 사람보다 주식에 투자한 사람이 훨씬 많이 벌었을 거예요. 도박처럼 하지 않았다면.

정수현　그거는 그런데요. 우리나라는 주식 하는 사람이 그렇게 많지 않았고 부동산으로 하는 사람들이 많았잖아요. 우리나라 부동산이 물가에 비례해서 수익이 많이 난 것은 사실이었으니까….

존리　사람들이 느끼기에 부동산은 올라가지만 주식은 잘 모르겠는 거예요. 그것도 지극히 잘못된 편견이에요. 편견을 깨는 게 어떻게 보면 우리 모임의 목적이에요. 우리가 잘못 알고 있는 게 너무 많은 거예요. 주식하면 안 된다는 사람들이 가진 생각이 지독한 편견이죠.

　　우리가 버려야 할 몇 가지 단어들이 있어요. 불로소득은 나쁘다는 인식은 일하는 것의 대상에 돈이 포함이 되지 않고 육체로만 생각하는 거거든요. 그런 면에서 생각을 열어야 할 필요가 있죠. 부동산에 대한 편견은 아주 심각해요. 부동산을 산다는 것은 자산뿐만 아니라 부채를 같이 갖는 거예요. 월세는 버리는 돈이라는 편견에서 벗어나야 합니다.

　　제가 최근에 금융강연 클래스를 열었어요. 지금 명동에

서 강연을 하고 있어요. 시작한지 일주일 됐는데 너무나 놀랍게도, 젊은 남성이 왔어요. 근데 "우리 와이프 설득을 못하겠어요"라는 거예요. 와이프의 편견이 너무 심해서, 부동산에만 투자해야 한다고 생각한다고 하더라고요.

집을 살 때, 이 가격이 비싼지 싼지 적어도 알고 사야 된다. 부채가 당신의 발목을 나중에 잡을 지도 모른다. 이렇게 설득을 하려고 했지만 그것조차 듣고 싶어 하지 않는 거예요. 또 하나, 듣고 싶어 하지 않는 게 아이들 부자 만들어라 하는 얘기에요. 왜 공부 잘하는 애를 만들려고 하느냐, 어차피 공부를 싫어하는 아이다. 근데 왜 거기에 돈을 다 쓰느냐. 그건 엄마의 허영이고 아동 학대다. 공부 못 하는 거 부자되는 데에 있어서 전혀 문제가 안 된다.

그거를 깨닫지 못하는, 그 박스에서 못 나오는, 비유하자면 밖에 나가면 날씨도 좋고 그런데, 지하실에 살고 있는 거예요. 그 지하실이 너무 편한 거예요. 햇볕 안 들어오는 그 지하실에서 나오는 게 두려운 거예요. 아이들을 그렇게 기르는 거거든요.

한국은 왜 그럴까, 너무나 일률적인 편견에 갇힌 교육을 하니까 박스에서 나오기가 힘든 거예요.

이 책을 쓰는 과정대로 서로 의논하면서 박스를 깨는 거예요. "정말 그럴까? 그러면 왜 주식에 투자할까?" 그럼 각자의 의견을 내는 거죠. 저는 주식에 투자하지 않는 것에 대해서 이야기 하는 거예요. 저는 주식에 투자하지 않는 게 위험한 거지, 주식 투자는 위험한 게 아니다, 주식에 투자하지 않는다는 거는 나 혼자의 힘으로 부자가 되겠다는 건데, 그건 불가능하다고 말하는 겁니다.

김세환 스포츠선수로 비유해보면 어떨까요? 세계적으로 성공한 스포츠선수들이 자신의 분야뿐만 아니라 다양한 것에 도전하는 걸 많이 볼 수 있어요. 완전히 새로운 종목을 섭렵하는 경우도 있고, 자신을 트레이드마크로 의류를 제작해서 파는 사람도 있고, 자신만의 스포츠 엔터테인먼트를 만드는 사람도 봤어요. 이렇게 다양한 분야로 확장하는 스포츠선수들은 마치 주식과 같아요. 분명 실패할 수 있기도 하지만, 성공하면 두 마리, 세 마리의 토끼를 잡는 거잖아요. 또 끊임없이 확장도 가능하고요.

　　스포츠선수 중에서 정점에 도달한 선수들도 있어요. 최대한 은퇴를 늦게 하도록 엄청나게 관리하고 항상 성과를 내기 위해 노력하죠. 왜냐하면 자신의 몸값과 연결되니까요. 혜성처럼 등장하는 신인선수와 경쟁도 해야 돼요. 자산의 몸값을 올리면서 꾸준히 자기 분야에서 정점을 유지하려는 스포츠선수를 보면 마치 부동산 같아요.

다른 분야로 확장하거나 이동하지 않고 자신의 종목에서 끝까지 버티고, 새로운 루키와 경쟁도 하고 그래서 가치를 뺏기기도 하지만, 오히려 더 가치가 높아지기도 하고요. 다른 분야로 확장하는 선수와, 자신의 분야에서 꾸준히 관리하며 버티는 선수가 마치 주식과 부동산 같아요.

그래서 저는 주식 vs 부동산이라는 주제에서 꼭 명확한 정답을 내긴 어렵지만, 저는 주식을 선택하고 싶어요. 다양한 방면으로 도전하는 스포츠선수처럼 말이죠. 왜냐하면 부동산 같은 스포츠선수는 부상의 위험이 따르기도 하지만, 결국 우리는 모두 늙기 때문이에요. 그래서 저는 조금이라도 더 다양한 분야로 확장하는 스포츠선수, 주식과 같은 자산에 투자하고 싶어요.

시장이 아닌
기업을 보라

투자는 기업의 주식을 사는 것이다.
백을 사는 대신에 그 백을 제조하는 회사의 주식을 사고,
사교육 시키는 대신에 메가스터디 주식 사는 게 백 배 낫다.
영리한 사람들은 사교육 안 하고, 커피 사먹는 대신에 스타벅스 주식을 산다.
한국인은 한국 기업에 투자해야 한국 경제에 보탬이 되는 것이다.
일년에 사교육비로 낭비되는 30조의 돈은
한국 기업들과 우리 아이들의 창업자금으로 들어가야 한다.

하락장을 견딜 수 있는 이유

정수현 저는 선생님 뵈면 여쭤보고 싶었던 게 한 가지 있었는데, 선생님도 미국에서 기업에 근무하시면서 어쨌든 투자를 하셔가지고 부를 축적하신 거잖아요.

제 주위에도 주식을 한 사람들이 30년 전부터 했는데, 주식이 언제나 투자한 게 우상향은 아니잖아요. 이런 하락장이 왔을 때 멘탈 관리를 어떻게 하셨어요? 미래를 보는 혜안이 있으셨던 거예요?

존리   전혀 그렇지 않아요.

정수현   하락장에는 아무리 자기가 고수여도 좀 불안할 수 있잖아요. 근데 어떻게 그걸 버틸 수 있으셨는지….

존리   그게 되게 신기한데요. 저는 기업을 보는데 사람들은 시장을 봐요.

정수현   그럼 기업에 대한 그런 확신이 있으셔서 하락장에도 그냥 더 들어가신 거예요?

존리   아니요. 더 들어가는 게 아니라 꾸준하게 하는 거예요. 예를 들면, 아이들 생일 날 주식을 사준다거나 그냥 밥 먹듯이. 밥은 매일 먹잖아요. 날씨 나쁘다고 안 먹지 않죠. 근데 한국 사람들은 투자나 주식도 해야 되겠다고 하면서 주식이 막 올라갈 때 사, 또 떨어지면 안 가요. 타이밍을 맞추려고만 해요.

김현주   저도 잘하시는 분들이 좋아하는 기업 주식을 사라 해서, 제가 늘 쓰는 어도비, 슬랙, 스타벅스, 로봇에 관심 있어서 로봇 주식 조금씩 사는데 그 기업에 대한 정보들을 선생님은 어떻게 모으세요?

존리   투자를 할 때 영리해야 하잖아요. 그 주식을 사기 전에 제일 먼저 해야 될 것은 정부의 좋은 제도를 이용하는 거예요. 그런데 사람들이 이용 안 해요. 연금저축펀드라는 제도가 있거든요. 세금 혜택을 통해 15% 확정수익이거든요. 1년에 1800만 원 채우는 거 쉽지 않잖아요. 이제 그걸 채우는 걸 최우선으로 하고, 주식도 재밌잖아요. 한 번 시도해보고 싶잖아요. 펀드매니저는 어떻게 할 것 같아요? 여러분하고 다를까요?

신문에 보면 어떤 회사에 대해 막 회사 망할 것 같이 얘기할 때 있잖아요. 그때 영리한 사람들은 정말로 이게 망할 회사인가 아닌가를 판단하죠. 만약 시가총액의 30%가 하락했다고 가정해 보죠. 그런데 매출액은 그대로야, 그러면 이 회사의 상태는 어떤 건지를 파악하는 거죠. 그것이 다양성이고 그게 창의성이고 남들과 다른 생각을 할 수 있는 좋은 투자철학인 거예요.

펀드매니저도 마찬가지에요. 사자마자 빠지고 또 올라가는데 그건 하나도 중요하지 않아요. 우리가 전쟁 나갔을 때 전투에 질 수도 있고 이길 수도 있는 거예요. 그런데 결국 기업을 보고 투자를 하다 보면 시간이 지날수록 내 재산이 불어나는 거거든요. 사람들은 변동성과 위험을 구별을 못하는 경우가 많아요.

사람들에게 주식 투자 하냐고 물어보면, 대부분 "나 몇

퍼센트 먹었어요"라고 답하죠. 주식 투자와 도박을 구별을 못
해요.

"나는 내 돈이 일하게 하는 거를 실천하는 사람인데, 지
금 내가 한 달에 20만 원씩 넣고 있고요, 50만 원씩 넣고 있고,
내가 좋아하는 주식은 몇 개 있어요. a라는 주식은 내가 꾸준
히 몇 주씩 사고 있고요, b라는 회사도 좋아서 주식 사고 있는
데, 한 5년 지났는데 벌써 저건 100주가 있고, 저거는 500주가
있어요."

투자는 그게 정답이에요. 주식 투자 하는 건 가격을 맞
추는 게 아니에요. 가격은 못 맞춰요. 시장이 좋을 때는 올라가
고 시장이 나쁠 때는 가격이 떨어져요. 못 맞춰요. 그런데 좋은
주식을 갖고 있거나 좋은 펀드를 갖고 있었을 때는 10년, 20년
지나고 나면, 애플 같이, 그 돈이 많이 커져 있는 거예요. 그건
그럴 수밖에 없어요. 왜냐, 그 기업은 돈을 벌려고 하니까요.
인플레이션이 힘들지만 월급은 그만큼 안 오릅니다. 그러나
기업은 물건 값을 올릴 수가 있어요.

김세환 저는 투자하는 건 마치 운동하는 것과 같은 게 아닐까
생각해요. 운동을 하면 단기간으로 보면 아름다운 몸을 만들
수도 있지만, 장기적으로 봤을 때는 건강과 윤택한 삶을 위해
서 하는 거잖아요.

운동을 하기 힘든 날이 있을 거고, 몸이 아파서 못하는 날도 있겠지만, 우리가 운동을 해야 한다는 건 다 동의할 거 같아요. 그래서 앞으로 꾸준히 운동해 보려고 헬스장에 가서 운동을 하면 다음날 근육통 때문에 움직일 수가 없어요. 그래서 너무 고통스러워서 포기해버리는 거죠. 마치 투자했을 때 자산이 하락하면 견디지 못하고 바로 포기하는 것처럼 말이죠.

투자를 해야 하는 건 알지만 쉽지 않죠. 방법도 모르고, 혼자 하기 어렵고, 꾸준히 하는 건 더 어려우니까요. 그래서 꾸준함이 답인 거 같아요. 자산이 하락해도 그냥 매일 투자하는 거에요. 마치 운동하는 것처럼 말이죠. 근육통이 오면 어때요? 자산이 조금 하락하면 어때요? 중간중간 쉬면 되죠. 꾸준함이 답이에요.

바디프로필을 찍기 위해 건강을 해치고 무리한 다이어트를 하면서 운동하는 건 지속불가능하고, 건강상에 위험을 초래해요. 그래서 저는 단기간에 무리한 운동과 다이어트는 하지 않아요. 마치 투자가 아닌 투기를 하지 않는다는 말 같아요.

존 리 대표님께서 항상 말씀하셨듯이 투자는 꾸준함이 답이라는 말에 전적으로 공감합니다.

투자 국가가 중요하지 않은 이유

정수현 또 한 가지 여쭤보고 싶은 게, 미국 주식이 한국 주식의 수익률보다 높다라는 말이 있잖아요. 오늘 선생님께서는 앞으로….

존리 그것도 굉장히 일반화시킨 거예요. 저도 그런 질문을 많이 받았어요. 미국 주식은 튼튼하고, 한국 주식은 아니다.

정수현 유튜버들 중에서도 그렇고 여기 보면 미국 주식 투자해서 수익률이 높았다는 사람들이 많긴 많더라고요. 그리고 어떤 면에서는 외환보유고의 안정성에 우리나라 서학 개미들의 미국 주식 보유가 어느 정도 도움되는 부분도 있다고 들었습니다.

존리 아니 그러니까 그게 저는… 이게 마찬가지예요. 내가 미국에 투자하고 싶은 회사가 많으면 미국 비중이 높은 거고, 한국에 투자하고 싶은 회사가 많으면 한국 투자 비중이 높은 거거든요. 그 사람들이 얘기하는 것도 결국은 일반화시키는 거거든요. 편견이에요. 저는 한국에 내가 사고 싶은 주식이 너무 많아요. 특히 한국의 작은 회사들 아무도 거들떠보지 않잖아요. 남들이 거들떠보지 않을 때 저는 흥미를 갖게 되는 거거든요.

정수현 그럼 그런 걸 발견할 수 있는 눈을 길러주시는 건가요?

존리 그렇죠. 아니 제가 유튜브 한 번 찍었다가 얼마나 욕을 먹었는지…. 내가 오스템에 관한 이야기를 했습니다. 오스템 임플란트가 1년 전에 횡령 사고가 났잖아요. 그래서 주가가 폭락할 때 사람들의 관점에 대해서 저는 깜짝 놀란 거예요.
　어느 기사를 보니 2천 억이라는 돈이 없어졌는데 자본금과 맞먹는 돈이다. 그래서 회사가 거의 쓰러질 것처럼 얘기를 하는 거예요. 자본금하고 비교한 것 자체가 굉장히 주식을 이해하지 못하는 거잖아요. 시가총액과 비교해야 하거든요. 시가총액이 한 2조 정도 되는 회산데, 2천 억이 작은 돈은 아니지만 회사가 망하진 않죠. 그런데 그 회사가 망할 것 같다고 얘기하는 게 신기한 거예요. 이거는 무조건 싼 주식이다. 저의 주장이었습니다.
　시가총액이 너무 싼 거잖아요. 비슷한 회사가 스위스에 있어요. 이 회사는 오스템에 비해 매출액이 2배 정도 돼요. 그 회사 시가총액이 한 20조 돼요. 오스템은 시가총액이 2조밖에 안 되는 거죠. 그 가치를 인정받지 못하는 거죠. 그래서 저는

시가총액을 봐요. 자본금은 아무런 의미가 없다. 그게 첫 번째
이죠.

정수현 그래도 미국 시장이 훨씬 크니까.

존리 시장은 큰 이유가 따로 있죠.

정수현 그러니까 내려다보이실 거 아니에요.

존리 정말 안타까운 게 어느 연금 펀드매니저가 한국에 투
자 안 하겠다고 그러더라고요. 저는 아주 잘못된 시각이라고
생각해요. 우리나라 회사보다 해외의 경쟁하는 회사에 투자하
겠다는 것은 마치 외국 회사가 더 잘 됐으면 좋겠다는 거랑 똑
같은 얘기거든요. 그 연관성을 짓지 못하는 거예요. 단기간의
수익률만 중요하다고 생각해요.

정수현 우리나라 미래를 위해서는 한국 기업에도 일정 부분
이상은 투자해야 하는데…. 매국노나 다름없는 거네요. 물론
외환 보유고 측면에서는 외국 기업에 투자한 것이 일정 부분
도움 되는 측면도 있다고 합니다.

존리 그렇죠. 한국 기업에 투자해야 되죠. 사교육비와 연금 등의 많은 돈이 우리 아이들이 창업하는 기업에 들어가야 되죠. 한국 주식에 제가 특별히 애착을 갖는 이유는 대부분 주식 가격이 쌀 때가 모든 사람들이 비관적으로 볼 때예요. 지금 한국 주식에 대해서 비관적으로 얘기하죠.

주식하면 안 된다는 사람이 대부분이고. 한국 주식이 비싸지 않다는 얘기죠. 이럴 때는 적극적으로 자녀들한테도 얘기해야 해요. 더 떨어질 수도 있어요. 근데 절대로 하지 말아야 할 것은 타이밍을 알려고 하는 거. 지금도 많은 투자자들이 타이밍을 얘기하죠.

"언제 들어가는 게 좋을까요?" 그럼 또 얘기하죠. "시장이 좋아질 때를 좀 기다려 보세요"라고요. 그건 투자가 아니에요, 투기에요. "일단 다 파세요. 현금화를 하세요. 현금화한 다음에 시장이 반등할 기미가 보일 때 사세요." 굉장히 그럴듯하죠. 가장 잘못된 투자방법입니다. 오늘은 좀 날씨가 좋으니까 밥 두 끼 먹고, 안 좋을 것 같으니까 한 끼만 먹자, 이거랑 똑같아요. 굉장히 잘못된 방법이죠.

김현주 저는 최근에 슈카월드를 되게 재밌게 보고 있는데. 너무 말을 잘하고 예쁘게 하니까요. 지난주에 하신 코리안 디스카운트에 대해서 좀 인상 깊게 들었거든요. "코리안 박스피가 될 수밖에 없는 것이… 우리나라는 배당이 없다는 얘기를 하는 거예요. 이 회사의 지분을 40%까지 들 수 있는데 30% 들고 10%를 가지고 다른 기업을 또 사, 그렇게 되면 굳이 남는 거에 대한 배당을 주지 않고, 남는 걸로 또 다른 기업을 사면, 회장은 배불러질 수 있는데, 이게 '코리안 디스카운트다'"라고 하는 얘기를 들으면서, 그래서 한국 주식에 되게 매력이 없다고 말할 수 있다는 설명을 들었을 때, 그렇게 될 수도 있구나라고 생각했어요.

존리 코리아 디스카운트는 여러 가지 이유가 있어요. 그런데 가장 큰 이유는 우리의 잘못이죠. 기업의 지배구조가 예를 들어서 미국 같은 경우는 모든 주주를 똑같이 주인으로 생각하는데, 한국은 법적으로나 제도가 대주주한테 유리하게 돼 있어요.

그러다 보니까 샀을 때 주주들의 권리가 미국처럼 많이 보장이 안 되는 거는 확실히 있어요. 그렇지만 그게 기회인 거죠. 왜냐하면 그것 때문에 가격이 너무 싸게 거래되는 거예요. 예를 들어서, 애플 주식이 지금 한 3천 조 되거든요. 한 2,500조로 많이 떨어졌어요. 한국 전체 다 사면은 한 1,700조 되죠. 그러면 애플 주식 하나 가지는 것보다 국내 주식을 모두 살 수 있는 거죠.

투자의
진리

투자는 결국 나와 시간의 싸움이다. 내가 한 달에 수입이 300만 원이면
그중에 30만 원을 노후에 투자하겠다, 하고 내가 정하는 것이다.
주식 투자는 나와의 싸움이어서 타인의 평가에 내 선택이 흔들려서는 안 된다.
주식을 볼 때 가장 중요한 것은 그 회사 경영진과 회사의 기업문화이다.
21세기 급변하는 첨단산업시대를 이끌어갈 새로운 경제 생태계는
창의적이고 유연한 경영마인드를 지닌 기업이 주도하게 될 것이다.
그리고 지금 바로 그 기업을 선택하는 것이 개인의 투자 진리이다.

투자는 기업의 미래에 대한 '나'의 생각

존리 저는 사람들한테 절대 유튜브, 증권방송 너무 많이 보
지 말라고 해요. 나와의 싸움인 거예요. 투자는 나와의 인내
의 싸움인 거예요. 내가 한 달에 수입이 300만 원인데, 그중에
30만 원은 내가 노후를 위해 투자해야 되겠다, 하고 내가 정
하는 거죠. 주식 투자는 나와의 싸움인데 그럴듯한 얘기 들으
면 흔들리잖아요. 난 아무것도 모르겠는데, 저 사람이 그럴듯
해요. 특히 증권방송에서 이야기하는 주식 관련 뉴스는 맹목

적으로 보면 안 돼요. 이익을 얼마에서 실현하고 손절매 가격이 어떻고 하는 것도 그건 투자가 아니라 도박하는 거죠. 자기만의 투자철학을 갖고 있는 게 굉장히 중요한데, 그게 흔들리는 거예요. 한국은 워낙 그렇게 생각하니까. "투자는 타이밍이다" 이런 사람이 있거든요.

김세환 "투자는 타이밍이다"라는 왜곡된 사실을 전파하는 것처럼 지금도 학교에서 시험 기간만 되면 아이들 사이에서 나오는 말이 있어요. 바로 '사당오락'이죠. 네 시간 자면서 공부하면 합격하고, 다섯 시간 자면 떨어진다는 뜻이에요.

"너 몇 시간 잤어? 나 밤샜어", "너 그러다가 이번 시험 망한다" 이렇게 아이들 사이에서 잠을 줄여야 한다는 정말 말도 안 되는 말을 아직까지도 한다는 거예요.

자신만의 공부방법도 없이 무조건 밤을 새는 거예요. 너무 안타까워요. 투자도 마찬가지 아닐까요? 올바른 투자 방법이 필요해요. 대표님이 말씀하신 것처럼 기업을 보고 믿고 꾸준히 투자하는 것처럼 말이에요.

정수현 그러면 선생님께서는 기업을 보면 저평가가 되었는지, 이게 딱 보이시는 건가요.

존리 사실은 이런 거예요. 예를 들어, 저 회사가 너무 장사를 잘해요. 그때 '내가 저 회사 주인이면 어떻게 될까' 그런 생각으로 접근하는 거죠. 내가 저 회사의 주인이라면 내가 지금 저 회사에 얼마만큼 가치를 줄 수 있을까 연구를 하게 될 거 아니에요?

그러면 여러 가지 방법이 있죠. 내가 새로운 회사를 만든다고 그러면 내가 얼마 정도 돈이 들어갈까, 아니면 외국에 있는 비슷한 회사가 지금 얼마에 거래가 되고 있는가, 아니면 내 자체적으로 판단을 할 때 이 회사가 매출액이 20% 늘어난다고 가정하면 이 정도의 가치는 줘야 될 것 같은데, ROE 같은 지수를 볼 수 있죠.

가장 주식회사를 알기 힘든 이유가 과거의 데이터는 딱 나와 있어요. 예를 들어서 코닥, 너무 좋았지만 앞으로는 알 수가 없죠. 그게 주식 투자의 가장 핵심이죠. 미래를 예측할 수 없어요. 주식 투자는 그게 아니라 미래에 대한 자기의 생각이죠.

주식을 볼 때 가장 중요한 게 경영진이에요. 그 회사의 기업문화가 중요해요. 제가 메리츠에 왔을 때 기업문화가 너무 엉망이었어요. 미국 기업들의 기업문화와 한국 기업문화의 차이점은 한국은 톱다운이에요. 외국회사는 수평적 조직이죠. 자유롭게 의견을 교환할 수 있는 기업문화가 중요해요.

자유롭게 자기 의사를 말하고 반대할 수 있는 기업문

화가 한국엔 아직은 부족한 것 같아요. 대량생산의 시대에는 맞을 수도 있어요. 일사불란하게, 반도체처럼 똑같이 만나서 하루에 몇 시간씩 일하고 그런 거는 될지 모르지만, 새로운 기술 분야, 창의적인 생각을 요구하는 산업이나 새로운 생태계를 만든다고 하면 기업문화가 정말로 중요해요.

일론 머스크는 제가 볼 때 천재예요. 그러니까 미국 교육이 무서운 거예요. 천재가 나오는 교육을 하는 거죠. 한국은 다 똑같이 천재가 나올 수 없는 시스템인 거죠. 미국 사회는 대부분 바보같지만 천재가 나오는 교육. 죄송하지만 한국 사람들은 천재가 되려고 해요. 미국은 1퍼센트 진짜 천재들이 사람들을 다 먹여 살려요.

김현주 저는 스코틀랜드에서 공부했었는데, 대학의 졸업 전시회를 가면 정말 대부분의 동양인들, 특히 중국, 한국애들은 다 잘해 상위권인데, 진짜 천재는 유럽인들 이더라고요. 함께 있던 지인이 아르바이트로 에든버러에 있는 유치원에서 미술을 가르치시는데 한 6살짜리 꼬맹이가 새를 그린다고 해서 새 그림을 그려주며, "새는 이거야"라고 직접 그려주었대요. 그랬더니 선생님들이 "아니야, 선생님이 그려주는 게 아니라, 아이가 선을 하나 그어 놓고 이것은 새라고 하면 그것이 새야"라고 하는 거라고 말하더랍니다. 아이들의 창의성을 막지 말라는 뜻으로 "그렇게 하지 마세요"라는 주의를 듣고는 '나 주입식 교육 받은 사람이구나'라고 생각했다고 합니다.

존리 그러니까 미술학원이 있는 건 한국밖에 없잖아요. 미국은 미술학원이라는 게 없어요.

김현주 그래서 너무 신기하고, 우리나라는 왜 천재가 못 나오는지… 스티브 잡스도 그랬고 《철학은 어떻게 삶의 무기가 되는가》를 쓴 야마구치 슈도 미술사 공부를 하셨어요. 그래서 저도 미술사 공부를 하면서, 이 공부를 통해서 창의력이 굉장히 발현되고 우수한 인재들도 많이 나온다고 생각을 했어요. 애플과 스티브 잡스라는 우리가 동경해마지않는 어마무시한 팬덤, 저는 애플 빼고 그냥 애플 감성인 거예요. 이런 팬덤 절대 무너지지 않는 거예요.

　　저는 애플이 팀 쿡이 먼저 나오고 스티브 잡스가 뒤에 나왔으면 안 됐을 거라고 생각해요. 왜냐하면 스티브 잡스의 내 마음을 알아주는 것 같은 감성이 있어야, 그다음에 팀 쿡 같이 경제를 잘 만지는 사람이 하면 더 탄탄해지지 않나 하는 생각이 더 많이 들게 되더라고요.

존리 그러니까 기업에 투자한다는 건 진짜 흥분되는 거예요. 새로운 세계를 간접적으로 경험하는 것이죠. 20%로 벌고 5%로 손해 보고, 아무 의미가 없어요.

창조적 파괴를 하는 기업을 찾아라

존리 세상이 완전히 변할 때도 있어요. 테슬라가 전기자동차를 했지만, 여러 번 망할 뻔 했거든요. 대량생산하는 게 보통 어려운 것이 아니거든요. 미래차는 전기차가 될 거라는 거 다 예상했잖아요. 일론 머스크란 사람만 행동에 옮긴 사람이에요.

토요타가 전 세계에서 가장 차를 많이 팔아요. 지금은 너무 잘 되죠. 그게 오히려 큰 문제인 거예요. 자기들이 세계 최고 기술력을 지녔다는 프라이드를 버리지 못하는 거예요.

김현주 토요타가 유일하게 하이브리드로 만들었잖아요.

존리 그렇죠. 그러니까 하이브리드는 얘기를 해요. 근데 가솔린을 버리지 못하는 거예요.

그러니까 미래가 반드시 밝지는 않을 거예요. 창조적인 파괴가 필요하거든요.

김현주 이렇게 가솔린에서 전기차로 넘어가기 전에 그 사이에

반드시 하이브리드라는 시장이 있을 건데, 오히려 토요타는 굉장히 그걸 잘하지 않았냐라고 평가하는 분들도 있거든요.

존리 근데 문제는 이게 무지무지한 투자가 들어가야 되거든요. 유럽은 100% 전기차가 되는 게 얼마 안 남았어요.

토요타가 하이브리드를 버리지 못하는 건 두려움인 거예요. 지금 가솔린을 버리는 게 너무 힘든 거예요. 이게 옛날 코닥이 좋은 예가 될 수 있어요. 새롭게 나가야 할 시대가 오고 있는데, 과감하게 파괴를 해야 되거든요. 창조적인 파괴가 필요해요.

정수현 존리 대표님은 한국의 전기자동차에 대해서는 어떻게 생각하세요?

존리 저는 좀 걱정돼요. 한국의 걱정이 아니고 전 세계 자동차 회사들이 모두 힘들 거라는 생각이 들어요. 그런데 저는 왜 한국에서 테슬라가 안 나왔을까 그게 화가 나는 거죠. 미국에서 테슬라가 나올 수 있었던 거는 엉뚱한 큰 꿈을 가진 기업가의 탄생을 가져오는 시스템이라고 생각해요.

정수현 선생님은 테슬라 주식이 있으세요?

존리 네, 갖고 있어요. 저는 비쌀 때 안 샀고, 한 70%까지 세일 때 샀어요. 전 운전을 되게 싫어하는데 테슬라는 안 해도 되니까, 그 편리함이 좋았어요. 계속 업데이트하는 컴퓨터도 좋았고요. 예를 들어, 반짝 불이 들어오더라고요. 뒤에 타이어가 바람이 세고 있다. 그래서 서비스센터에 전화를 걸었더니 "지금 뒷바퀴에 바람 세고 있다"고 아는 거예요. 데이터를 갖고 다 연결되니까. 서비스센터에서 "기다리면 30분 정도 있다가 사람이 해줄 겁니다" 하더라고요.

고객이 사랑하는 회사

존리 '프라이탁'이라는 회사 있잖아요.

김현주 오늘 제가 33만 원짜리 프라이탁을 들고 왔어요. 이 가방 브랜드의 장점은 이제 개별화, 개인화에요.

존리 세상에 하나밖에 없는 거지.

김현주 앞으로는 모든 트렌드 중에서 개인화가 제일 중요할 것 같아요.

정수현 전철을 오랜만에 탔는데 이거 들고 있는 사람 되게 많더라고요.

김현주 프라이탁은 2006년에 만들어졌고, 오래된 트럭 방수천을 기본 원단으로 가방을 만들어요. 이게 33만 원이에요. 말이 돼요? 말이 안 되죠. 단점은 계속 화학약품 냄새가 나요. 그런데도 이거 사러 일본까지 한 번 갔다 온 적도 있었어요. 집에 이게 3개 있거든요.

존리 그 회사를 만든 형제들이 진정성이 있고, 이런 아이디어를 내고 실천에 옮겼다는 게 굉장히 중요하죠. 그게 진정성이거든요. 쓰레기로 버리는 거를 상품으로 만들어야겠다. 저 회사는 광고를 거의 안 했거든요.

김현주 안 해요. 스토리텔링만 해요. 제가 이전에 있었던 스타트업에서 일했는데 거기는 방화복 있죠. 소방관 아저씨가 입는 옷은 3년이면 버려요. 그걸 다 수거해서 가방 만드는 거예요. 그리고 패러글라이딩, 배에서 나오는 돛 같은 거 수거해서 만드는 회사도 있고요. 업사이클링 시장이 넓고 그래서 저도 관심이 굉장히 많아요. 문화 그리고 스토리를 파는 거죠.

존리 블랙야크 알죠? 그 회장님도 재미난 스토리가 있어요. 옛날에는 등산복 관련해서는 전무하던 시절인데, 그 회장님이 가방을 만든 거예요. 그 당시에는 미국에서 온 것밖에 없었는데, 한국 사람들에게는 잘 안 맞고 불편한 거예요. 그래서 새로 만든 거예요. 그 가방을 메고 다니니까 산을 같이 타던 사람들이 어디서 샀냐고 묻더래요. 그래서 자기가 만들었다고 하니까 '나도 만들어줘' 하더래요. 그렇게 시작이 된 거죠. 그러고 산을 타다가 조난을 당했는데 야크를 만난 거예요. 그래서 블랙야크가 된 거예요. 그러니까 창업이라는 게 진정성이 있고, 액션에 옮기는 용기가 필요한 거죠.

김세환 어떻게 보면 세계에 유일한 상품을 내놓는 거네요. 그 안에 깃든 건 의미, 스토리텔링을 하면서 하나의 사업을 이끌어 가네요. 단순히 물건 또는 상품을 파는 게 아니라 마치 사람 같아요. 사람마다 각양각색의 개성이고 자신만의 매력이 넘치는 사람이 있잖아요.

우리가 매력적인 사람에게 끌리듯 그런 기업을 찾는 것도 좋을 것 같아요 이런 기업들을 잘 지켜봐야 겠네요.

김현주 그리고 미국 애플이나 테슬라는 소비자 입장에서 그 브랜드를 되게 사랑하게끔 만들어요. 관심이 가게 만들어요.

그런데 한국은 치킨게임이라고 하죠. 엄청나게 다량의 공급을 하고, 소위 저희끼리 하는 용어로는 '스피릿'이 없어요. 영혼이 없어요. 그러니까 그런 팬덤이 형성이 안 되는 거예요.

존리 가장 대표적인 회사가 나이키에요. 나이키는 신발 얘기를 안 해요. "Just Do It" 슬로건이에요. 신발이라는 상품을 뛰어넘어 문화를 파는 거예요.

김현주 어떤 서울대 교수님이 한 말씀이 되게 좋았던 게, 정말 반도체를 만들어도 반도체를 생산하는 게 아닌 반도체를 설계할 수 있는 능력 그러니까 파운더리가 아니라 설계할 수 있는 그런 능력을 키워야 한다는 거죠. 한국은 똑같은 걸 카피해서 그대로 잘해서 만드는 능력을 이만큼 키웠으니 그 위에 더 고부가가치 능력을 키우는 텍스트 산업을 해야 하는데, 지금 우리가 그걸 못 찾고 있다. 그걸 잘 표현하는 게 브랜딩의 힘인 것 같아요.

존리 브랜딩의 힘이기도 하고요. 그게 조직이에요. 예를 들어서, 아까 인센티브 얘기했잖아요. 회사 안에서 내가 어떤 굉장히 좋은 아이디어가 있는데, 아무리 열심히 해도 회사에서 인정하지 않으면 묻혀지는 거. 그다음에 한국의 조직문화 중에 내가 정말 잘하면 과장이 가져가고, 상사가 내 아이디어와 내가 한 일을 가로채는 것.

　이처럼 남의 공을 가로채는 수직적 기업문화를 바꿔보려고 제가 한국에 와서 제일 먼저 한 게 이메일을 다 공유하는 거였어요. 그럼 누가 제일 먼저 어떤 아이디어를 냈는지 다 알 수 있거든요. 근데 한국은 계급문화(hierarchy)잖아요. 사장님한테 직접 보고하면 과장한테 혼나죠. 그게 결정적으로 잘못된 거죠. 미국은 수평적이니까요. 근데 한국은 그 조직문화가 수직적이죠.

　내가 어떤 회사 주식을 사는 거는 20년 동안 내가 같이 가고 싶어서거든요. 조직문화가 중요한 게 이 회사가 굉장히 잘 될 것 같다고 생각이 드는 건 이런 거예요. 예를 들어서, 과장이 대리가 하는 거를 뺏어간다든가, 그런 문화가 있으면 좋은 아이디어가 사장되잖아요. 그게 작은 것 같지만 그 회사의 미래를 결정해요. 제가 메리츠에 처음 왔을 때 그걸 고쳤더니 신뢰도 1등이 된 거예요.

　간단해요. '고객이 중요하다' 그다음이 '고객을 직접 만나자' 그다음에 '우리는 다른 부서와 다르게 간다'. 너무나 놀란 게 제가 이제 책을 다시 쓰면서 참고로 제가 스커더(Scudder)라는 회사에 있을 때 참고를 했는데 제가 한국에서 제일 먼저 한 게 지방에 오피스를 여는 거예요. 고객을 직접 만나게 되니까.

그런데 스커더가 미국에서 최초의 지점을 설치한 거야, 길거리에서 1층에. 너무 소름 끼치지 않아요? 난 그걸 따라 한 게 아니고, 하다 보니까 스커더가 이미 50~60년 전에 한 거예요. 미국에서 처음으로 한 거예요. 그러니까 그게 무슨 얘기냐면, 원칙이 있는 거죠. 고객을 만나야 되겠다는 원칙. 그 원칙을 지키려고 하니까 한국에서 고객을 만나야 되겠다. 그 원칙을 하다 보니까 제일 먼저 한 게 1층에 있어야 된다. 그 다음에 누구든지 들어올 수 있게 해야 한다. 소름이 끼치는 거예요. 결국은 문화가 맞아요. 그 브랜드 가치는 기술력만 얘기하는 게 아니라 이 회사가 추구하는 가치가 무엇인지가 굉장히 중요한 거죠.

주식 투자는 기업을 소유하는 것

존리 투자는 기업의 주식을 사는 거잖아요. 백을 사는 대신에 그 백을 제조하는 회사의 주식을 사고, 사교육 시키는 대신에 학원 주식 사는 게 백배 낫죠. 메가스터디 주식을 사주는 게 몇 배 낫지. 영리한 사람들은 사교육 안 하는 거죠. 커피 사 먹는 대신에 스타벅스 주식 사는 거죠.

정수현 근데 행복이라는 게, 미래를 위해서 현재의 행복을 유보한다는 게….

존리 그 얘기랑 다르죠. 기업을 소유한다는 거예요. 옛날에는 백을 소유하는 거에서 기쁨이 있었는데, 지금은 아예 없는 거예요. 왜냐면 훨씬 다른 가치를 추구하게 되니까요.

정수현 그래도 내 남편이 누군데, 이 정도는 해야 되지 않나, 이런 생각을 하지 않을까요. 주위에서도 그럴 것 같아요.

존리 그게 바로 속는 거죠. 와이프는 그런 얘기 많이 들었어요. "남편이 문제가 있어 보인다. 어떻게 샤넬이 하나도 없냐?" 그런데 이런 가치를 알고 나서는, 이걸 아이들한테 가르쳐줘야겠구나, 친구들한테 가르쳐줘야겠구나 했대요. 그후로 친구들한테 주식 전도사가 됐어요. 그런데 친구들이 말을 못 알아들어요. 친구들이 창업한 사람이 많아요. 근데 돈을 다 써버려요. 한 친구는 20년 동안 돈을 많이 벌었는데, 다 써서 돈이 없어. 쇼핑에 정신이 나간 거예요. 와이프가 그 얘기를 하니까, 그 친구가 후회를 많이 하고 있다고 하더라고요.

장서우 저도 책을 읽으면서, 제가 제니스 같다는 생각을 많이 했어요. 진짜 열심히 일하고, 또래보다는 많은 재산을 모았고 일에 정말 많은 매진을 했죠. 그런데 킴이 하는 얘기가 "나는 더 이상 로보트가 필요하지 않다"고 하잖아요 그때 머리에 형

광등이 켜지는 기분이었어요~

'이제 내가 투자를 해야 할 이유를 찾았다. 만약 나의 자본이 일을 해서 안정적으로 수입원이 생긴다면 저는 내가 좋아하는 일을 더욱더 사랑하면서 내가 좀 더 행복하게 내 일을 할 수 있겠구나 싶었어요. 항상 일을 할 때 가장으로서 생계도 책임져야 하고, 그리고 가족 용돈도 드리고 해야 되니까, 항상 너무 쫓기고, 내 영혼을 갈아 넣고 있었구나'라는 깨달음이 있더라고요. 이 사람은 부동산이었지만, 모임을 하면서 존리 대표님 강의도 찾아보고 주식 계좌도 살렸어요.

주식 투자에서 절대 하지 말아야 할 것

존리 주식 투자할 때 절대로 하지 말아야 하는 것이 몇 가지가 있어요. 골프 칠 때도 절대 하지 말라는 게 있죠. 첫째, 힘을 주지 말 것, 둘째, 고개 들지 말 것. 절대 진리죠. 주식 투자의 진리가 '절대 마켓 타이밍을 재지 마라'는 겁니다.

김현주 사람들의 '본전 찾기'에 대한 생각이 문제인 것 같아요. 본전에 대한 생각이 많으니까, 두려워서요. 빨리 수익을 내려고 하는 마음 때문에 가격이 떨어지면 불안하니까 파는 것 같아요.

존리   대부분의 사람들이 타이밍을 맞추려고 해요.

정수현   여기서 포인트는 대표님이 미국에서 코리아펀드를 그렇게 운영해서 큰 수익을 내실 수 있었던 이유는 그걸 반대로 했기 때문이잖아요.
　사실 한국 사람들에게는 그걸 유지할 수 있는 그 마인드가 필요해요.

존리   그러니까 주위 사람이 중요해요. 저도 스커더(Scudder)에 있을 때는 초보였어요. 회계사 출신이고 투자를 몰랐어요. 스커더가 대단하다고 생각한 게, 투자 경험이 없는 나를 뽑은 거예요. 그 회사는 오히려 경험이 없는 걸 좋아한 거예요. 잘못 배운 것 보다는 모르는 게 나은 거죠. 옆방에 아주 유명한 펀드매니저가 있었어요. 서로 대화하다가 그는 삼성화재를 사야겠다고 이야기했어요.
　그때 평생 내가 후회할 말을 했는데, "최근에 주식 가격이 10% 정도 올랐는데 가격이 하락하면 사는 게 좋을 것 같다"고 이야기 했어요. 그 사람이 너무 놀라면서 "나는 지금 5만 원 주식이 500만 원 될 때를 기다리려고 지금 투자하는 거야. 그게 4만 5천원이건 3만 5천원이건 6만 원이건 무슨 의미가 있니?"라고 물어보는 거예요. 나를 무안하게 했죠.

정수현 예전에 강의할 때, 경제 과목도 아닌데, 학생들한테 레포트를 내준 적이 있어요. 1년 후 너의 미래에 대해서 쓰라고요. 집, 차 이런 거 하고 싶은 거 적고, 얼마를 벌어야 하는지 써라. 그걸 잘 써오면 학점에 넣어 주겠다고 했어요.

저는 이런 현실적인 교육이 없어서 좀 안타깝게 생각합니다. 우리 부모들은 삶에 있어서 가장 기초적이고 기본적인 것들을 먹고 사느라 바쁘셔서 가르쳐 주지 않으신 거죠.

이런 것들은 내 후배들이나 자녀세대들은 안 겪었으면 좋겠다고 생각합니다. 나이가 어릴 때는 괜찮지만, 나이가 많아지면 가난이 죄가 되는 거다. 언제까지나 젊은 게 아니다. 50살이 넘어서 몸이 아프고 노동력을 상실하면 자본이 있어야 한다. 물론 자식이 있어도 요양원은 갈 수 있겠지만요. (웃음)

김세환 학교에서 아이들과 두 가지를 할 때 가장 즐거워요. 첫번째는 같이 운동할 때요. 아이들이 살아있거든요. 교실에 들어가면 아이들이 기절해 있어요. 피곤함과 지루함에 괴로워하는 모습이죠. 근데 같이 운동할 때는 그런 모습이 안 보여요.

그리고 두 번째는 돈에 대해 얘기할 때에요. 그리고 자연스럽게 투자에 대한 얘기로 이어지죠. 그땐 제가 더 신나서 아이들도 덩달아 신나 하는 거 같기도 해요. 아이들도 돈 얘기를 할 때가 없어서 저랑 얘기하면 즐겁다고 말해줘서 기쁘기도 했고요.

그런데 저는 이 두 가지를 할 때 절대 하지 않는 게 있어요. 바로 방심이죠. 운동할 때 방심하는 순간 다치고 돈 얘기할 때 방심하는 순간 돈을 잃을 테니까요. 운동이든 투자든 방심하는 순간 정말 위험해요.

장서우 저는 책을 읽으면서 '부자'라는 단어에 대해서 생각을 많이 해봤어요. 존리 선생님이 생각하시는 '부자'는 대중들이 생각하는 부자의 정의와는 다른 것 같아요. 다음에 부자에 대한 정의를 하면 좋겠다고 생각했어요. 인스타그램을 보다가 인사이트 기사를 봤어요. '국민연금 80조 원 손실'이라는 기사를 봤는데, 대중들은 기사의 내용에는 집중을 안 하고 본질을 잃고, 단순히 댓글에 '저축이나 하지', 이런 식의 글이 많이 있었거든요. 하지만 이 시기엔 어떤 투자를 해도 수익률이 감소하고 있기 때문에 수익률로 보자면 나름 선방하고 있는 투자였죠. 그럼에도 사람들은 '저축이나 하지'라며 물가 상승률을 고려하지 않고 저축 이자가 생기면 수익이 높아진다고 생각하더라고요. 투자에 너무나 부정적인 이런 인식을 바꾸려면 사람들에게 어떤 인사이트를 줘야 할까, 할 수 있는 역할이 뭐가 있을까, 생각했어요. 그리고 사람들에게 부자에 대한 정의를 건강하게 생각할 수 있도록 인사이트를 주는 것도 매우 중요한 것 같아요. 사고의 전환이죠.

존리 지금 우리가 어떤 결정을 하느냐에 따라서 대한민국의
미래가 달라질 거예요. 지금이 미래를 좌우하는 결정적인 순
간(critical time)이라고 생각합니다. 이제는 정말 우리나라가 금
융문맹을 탈출해야 해요. 그리고 사교육비를 줄여야 합니다.
이 두 가지는 서로 깊이 연관되어 있죠. 저는 이 두 가지 변화
를 일으키는데 혼신의 힘을 다하겠다고 결심했어요.

　우선 우리는 돈에 대해 적극적으로 이야기 할 수 있는
환경을 만들어야 합니다. 전국에 국영수나 수능학원이 굉장히
많잖아요. 시험을 공부하는 사교육 현장을 파고들어가서 전국
적으로 금융에 대해 체계적으로 배울 수 있는 곳을 확산시키
고 투자에 대해 알려야 합니다. 그리고 금융 교육뿐만 아니라
금융 교육을 할 수 있는 인재를 계속 양성해야 해요.

　얼마 전에 주부투자클럽을 시작했는데, 처음에는 오프
라인으로 진행하려고 해요. 그 다음에는 직장인투자클럽도 만
들려고 합니다. 인재 양성이라고 할까요. 금융이 얼마나 중요
한지 알릴 수 있는 사람들이 퍼져 나가야 한다는 생각이 들어
서, 마음이 바빠요.

　사람들은 아직도 주식을 도박하는 것이라고 믿는 사람
이 너무 많아요. 그래서 이 부분을 생각하면 굉장히 우울하고

잠도 잘 못 자요. 이걸 내가 정말 할 수 있을까, 그런 생각도 들어요. 하지만 정말 필요하다는 생각을 하는 거죠. 이건 단순히 돈을 벌고 안 벌고의 문제가 아닙니다. 이걸 하지 않으면 미래가 없다는 생각이 들어요. 정말 너무 마음이 아파요.

교육에
모든 답이 있다

'나는 전 세계에서 단 하나밖에 없는 존재', '귀한 존재'라는 걸 알려주는
자존감 교육이 절실하다. '너는 귀한 존재'이고, '긍정적으로 살라'고
부모가 알려줘야 한다. 그리고 함부로 돈 쓰지 말고,
남과 비교하지 말고, 자신을 부자로 만들어야 한다고 교육시켜야 한다.
그래서 평생 목표가 남 밑에서 일하는 게 아니라
자존감을 갖고 자기만의 경제독립을 이뤄야 한다는 것을
자녀들이 어릴 때부터 가르쳐줘야 한다.

돈에 관한 자존감 교육의 필요성

존리 한국은 좋은 교육을 받았는데 딱 한 가지 교육을 안 한 거예요. 돈에 대한 교육을 안 한 거예요.

정수현 캐나다 교육을 보면 과목이 적지만 토론을 많이 해요. 객관적으로 볼 때 캐나다 사람들이 우리나라 일반 사람들보다 상식이나 지식은 떨어져요. 하지만 어떤 하나의 주제에 대해서 깊이 있게 들어가는 건 굉장히 뛰어나요. 그래서 무시 못

해요. 아이디어, 창의적인 사고력하고 그런 깊은 철학적인 생각이 가능해요.

교육의 장단점이 있는데 캐나다 교육은 깊이가 있어요. 우리는 넓어요. 대신에 얕아요. 그런 걸 좀 느꼈어요. 어떤 게 더 좋다고 할 수 없는데 지금은 우리나라의 국민 의식 수준이라든가 교육 수준이 높아졌기 때문에 이만큼 성장을 했지만, 이제는 질적인 성장을 이루어야 될 때다 라고 생각합니다.

존리 한국이 아무것도 없는 상태에서 교육으로 발전했기 때문인 것 같아요. 한국은 애를 낳으면 너무 과도하게 다 해주려고 해요. 한국은 패밀리 밸류가 굉장히 큰 나라예요. 남미가 계속 후진국으로 머무는 이유가 미래에 대한 교육의 중요성을 모르는 나라라서 그래요. 한국은 미래를 위해서 교육이 중요하다는 걸 알아서 좋지만, 잘못된 방향으로 가고 있는 거예요. 외우는 거, 남을 이기는 거, 점수 높이는 방향으로 가고 있는 거죠.

결과적으로 가장 좋은 교육은 자존감을 키우는 거예요. "너는 이 세상에서 너 하나밖에 없다", "너는 나와 비교하지 마라", "네가 왜 비교를 당해야 돼"라는 말을 해주는 거죠. 왜? 한국은 끊임없이 비교를 하거든요. "너는 몇 점 받았어? 쟤는 몇 점 받았어" "몇 등이지?" "몇 평 아파트에 사니?" 같은 말하면서요.

제가 초등학교 때 가장 기분 나빴던 게, 전에 말했지만, 어머니의 교육열로 인해 제가 서울에서 혼자 살았잖아요. 친구네 집에 놀러 가잖아요, 그러면 그 엄마가 너무 싫은 거예요. 그 엄마가 항상 물어보는 게 "너 몇 등이야" 물어보는 거예요.

그때 제가 꾀를 냈던 것 같아요. 그 당시에 친구 어머니의 상태에 맞춰서 대답을 했거든요. 공부 굉장히 못하는 애면 내가 1등 했다고 그래요, 그러면 친구 엄마가 나를 과일도 깎아주고 쟤랑 잘 지내라고 해요. 그런데 친구가 만약에 1등, 2등하면, 제가 친구보다 못한다고 해요. 그러면 그 아이들한테 엄마가 "쟤랑 놀지 마" 그래요. 거기서 깨달은 거예요. 그게 엄마들의 낮은 자존감이거든요.

제가 마지막으로 하고 싶은 말은 돈이라는 건 양면의 칼이에요. 돈이 많으면 교만이 와요. 같은 부자라도 교만이 오면 파멸로 가요. 그래서 돈에 대한 교육이 굉장히 중요한 거죠. 돈이 많았을 때 대부분 도박에 빠지거나 아니면 돈이 있기 때문에 자기가 사람을 업신여길 수 있다고 착각을 하기도 해요. 제가 돈 많은 사람을 너무 많이 봤는데요. 안 좋은 결과가 너무 많아요.

예를 들어서 벼락부자 된 사람들이 있거든요. 제가 그런 사람들 너무 많이 봤거든요. 어렸을 때 저는 인천에서 살았는데 주위에 염전이 많았어요. 염전에 살던 사람들은 진짜로 가난했어요. 비닐하우스에서 살았어요. 그런데 겨울에 그 위에다 물을 담아서 스케이트장으로 만들었어요. 그 땅이 지금 금싸라기 땅이 됐죠. 사람들이 벼락부자가 된 거예요. 근데 돈 교육을 안 받았잖아요. 돈을 어떻게 쓸지를 몰랐던 거예요. 대부분 술집에서 많은 돈을 탕진하고 이혼을 하더라고요. 술집이 많이 생기고 대부분 유흥으로 빠져요. 왜냐, 갑자기 몇 십억이 생겼잖아요. 돈을 잘못 다루었을 때는 엄청난 불행이 온다는 거예요. 미국 사람들도 교만해졌을 때, 굉장히 큰 대가를 치르는 경우가 많아요. 한국도 마찬가지에요. IMF 때 온 국민이 교만했어요.

돈에 대해서는 두려움이 있어야 해요. 언제든지 돈이 없어질 수가 있다. 그런 두려움이 있어야 되거든요. 갑자기 사업이 잘 되다가 코로나가 올 줄 어떻게 알았겠어요. 회사가 망가지고 그러잖아요. 그런 두려움이 필요해요. 그런 두려움이 있으면 돈을 함부로 쓸 수 없어요. 많은 사람들이 돈에 대해서 잘못 알고 있는 게 돈을 아끼면 돈의 노예가 된다고 얘기를 해요. 돈도 안 쓰고 점심도 싸구려 먹고 다니고, 쓸 줄 모른다, 이런 얘기 많이 해요. 그건 노예가 된 게 아니라 노예가 안 되려고 하는 거예요.

정수현 제가 조지 클루니를 좋아하는데, 이런 말을 했다고 해요.

존리 그 사람도 고생한 사람이에요.

정수현 고생했잖아요. 처음에 뉴욕에 와서 주위 친구들 집에서 돌아다니면서 잤어요. 근데 친구들이 다 재워준 거예요. 이 사람이 영화배우로 굉장히 성공했잖아요. 그 친구들이 10명이래요. 어느 날 조지 쿠르니가 007가방에 10억씩 담아서 증여세도 본인이 내고 줬다는 거예요. 그 이유가 어느 날 자기 고생했을 때 친구들을 만났는데, 자녀 등록금 얘기, 집 월세 얘기 하면서 다 어렵다고 얘기하는 거예요. 근데 자기는 돈이 많잖아요.

자기 어려웠을 때 재워주고 했던 친구들 때문에 자기가 성공했다고 그렇게 한 거지요. 저는 그렇게는 못하지만 맛있는거 먹으며 여행이나 같이 갈 수 있을 정도 되면 좋겠어요.

김현주 메시가 최근에 그래요. 자기 친구들한테 꾸준히 한 달에 천만 원씩 네다섯 명의 친구들이 계속 자기 친구를 할 수 있는 고액 연봉을 주던데….

정수현 그런 친구 좀 소개시켜 주지.(웃음)

존리　돈을 어떻게 써야 할 줄 아는 거잖아요. 금융 교육이라
는 거는 돈을 버는 방법, 그다음에 어떻게 쓰는지, 그리고 어
떻게 세이브하는지, 마지막으로 어떻게 투자하는 것인지 등
4개가 다 들어가는 거예요. 돈 쓰는 것도 굉장히 중요하죠.

　　돈을 벌어서 술 먹는 데 가는 사람이 있고, 그 돈을 아
이들한테 쓰는 사람이 있고, 미래를 위해서 쓰는 사람이 있고,
천차만별이죠. 그게 다 포함된 거죠. 결국은 돈을 귀하게 여겨
야 합니다.

　　더 나아가서 아이들에게 이렇게 가르칠 수 있어요. 가
서 엄마에게 한 달에 사교육비로 얼마가 쓰이는지 물어보라
해요. "그 금액을 복리로 계산하면, 그게 너의 부채다"라고 알
려줘요. 그게 5억, 10억이에요. 그럼 애들이 "우리 이거 왜 해?"
라거나, "엄마가 우리를 위해서 열심히 사는구나"라고 생각하
고, 열심히 공부하겠다고 생각하는 거죠.

자존감 교육이 절실하다

존리　하지만 무엇보다 자존감이 정말 중요해요. '나는 전 세
계에서 단 하나 있는 존재', '귀한 존재'라는 걸 알려줘야 해요.
비교할 필요가 없다는 걸요. 그런 걸 부모가 알려줘야 하는 거
죠. '너는 귀한 존재'이고, '긍정적으로 살라'고 말해 줘야죠.

그리고 함부로 돈 쓰지 말고, 남을 부자로 만들지 말고, 너를 부자로 만들어야지, 그런 걸 알려줘야 해요. 평생 목표가 남 밑에서 일하는 게 되면 정말 불행해요. 지금부터는 이제 자존 감을 높이려고 노력을 해야 하고 끊임없이 칭찬을 해야 해요.

김현주 그 근원이 자존감 교육인 것 같아요.

장서우 그래도 저는 자존감이 높은 편인 것 같아요. 저희 어머 니는 어렸을 때 떡볶이 노점을 하셨거든요. 그게 부끄러운 건 지 몰랐어요. 저는 반장도 하고, 걸스카우트 대장도 하고 리더 십이 있는 학생이었는데, 저희 담임 선생님이 어머니 떡볶이 집 단골이셨거든요. 근데 부모님조차 그걸 부끄러워하셨는데, 오히려 저는 아무렇지 않았어요. 어린 시절에도 제가 그런 상 황이 부끄러운 것이 아니라고 인식하고 극복할 수 있었던 이 유는 사랑을 많이 받아서인 것 같아요.

유년 시절 저는 재능이 많은 사람이라는 걸 스스로 깨 달았고 가정과 학교에서는 사랑으로 저에게 "할 수 있다"는 용 기와 자신감을 심어주셨던 것 같아요. 대부분은 우리 사회가 폐쇄적으로 일방적인 기준을 적용하다 보니까 아이들이 자기 가 뭘 할 수 있는지, 어떤 능력이 있는지 모르는 경우가 많은 것 같아요. 예를 들면 조립을 잘하면 "너는 정말 손재주가 좋

구나" 칭찬해주면 되는데, "너는 공부도 못하면서 만들기만 잘
해서 뭐할래?"라고 하니까, 아이들이 스스로 그런 재능을 찾을
수 있는 기회가 많이 줄어드는 거죠. 다양성을 존중하며 스스
로 잘할 수 있는 것에 대한 용기를 북돋아주면 아이들의 자존
감도 더 높아질 거 같아요.

김세환 장서우 님 이야기에 정말 공감을 했던 것은, 저도 아버
님이 택시기사를 하셨거든요. 학교에서 장래희망을 쓸 때도
'택시기사'를 쓸 정도였어요. 다른 친구들은 의사, 변호사 같은
장래희망을 발표할 때 저는 택시기사를 장래희망으로 말했더
니 다른 친구들이 비웃었어요. 그런데 저는 아무렇지 않았어
요. 오히려 당당했어요. 그만큼 자존감이 높았던 거 같아요.
　자존감의 핵심은 '사랑'인 거 같아요 사랑을 진짜 많이
받았어요. 오히려 잘했다고 하셨어요. 부모님이 '절대로 스스
로 해야 한다'고 하신 게 좋았던 것 같아요. 부모님에게 사랑
을 받았지만, 엄청난 자산을 물려주진 않으셨어요. 오히려 반
대였죠. 그런데 저에게 중요한 사람들에게서 사랑하는 방법을
배웠고, 저 자신을 사랑하는 방법도 배웠던 거 같아요.
　그리고 저는 지금 저를 정말정말 사랑하고 더 많은 것
을 해주고 싶은 바람이 있어요. 그리고 저뿐만 아니라 다른 사
람에게도 그런 사랑을 베풀고 싶고요. 그리고 좋은 수단 중의

하나가 바로 '돈'이 아닐까 생각돼요. 스스로 해야 한다는 말, 알아서 하라는 냉정해 보이는 말이 오히려 저의 자존감을 높여주는 계기가 되었던 것 같아요.

제가 존리 선생님 책을 다섯 번 정도 봤거든요. 책에서 제시하신 10단계를 다 해보고 점검도 해봤어요. 단순히 돈만 얘기하는 게 아니라, 살아가는 방식을 간접적으로 경험한 것 같아요. 교사 월급이 정해져 있고, 얼마 안 되는데, 제가 금융 문맹이던 시절에 대출도 받고 벤츠도 리스해서 몰았었어요.

제가 그렇게 경제관념이 없이 생활했던 첫 번째 이유는 제 생활에 대한 판단력이 없어서 그랬던 것 같아요. 판단력이 없으니까 제가 잘했는지 잘못 했는지 모르는 거죠. 주변에서 '잘했다, 잘했다'고 하니까, 몰랐거든요. 주변에서 잘못된 주입식 교육을 받은 거죠. 이 책을 읽고 하나씩 해보니까 '이렇게 살면 정말 큰일 나겠다'는 생각이 들었어요.

그토록 방만한 생활을 그만둔 계기가 있었어요. 제가 사기를 당했거든요. 대출 받아서 차도 사고, 전세도 하고 그랬는데 한순간에 빚이 6천만 원이 갑자기 생긴 거예요. 다행이었던 건 부모님이 "네 인생이니까, 네가 알아서 해라"고 하셨어요. 자립을 해야 하고, 한 번 충격을 받으니까 그때부터 이전의 삶을 포기하게 되더라고요. 3년 동안 그 빚을 다 갚고, 지금은 2억 정도 자금을 모았어요. 존리 대표님이 하라고 하신대로 했어요.

제가 임용고시 준비할 때도 공부 잘하는 사람 책을 먼저 읽고 그걸 그대로 따라 했거든요. 투자를 시작하려고 한 그 때도 책을 읽어야겠다는 생각이 들었는데, 처음에 뭘 해야 할지 모르니까 서점에 갔어요. 그때 처음 존리 선생님 책이 딱 보인 거예요. 그 뒤로 제 롤 모델이 되신 거죠. 존리 대표님의 책을 읽을 때마다 진심이 느껴졌거든요. 모든 사람들이 돈으로부터 독립하길 바라는 부모와 같은 마음으로, 사랑이 느껴졌다고 할까요? 삶의 자존감을 높여주신 건 부모님이라면 돈의 자존감을 높여주신 건 존리 대표님이십니다. 이분을 반만 따라 해도 좋겠다고 한 거죠. 그러면서 계속 실천하고, 바꾸고 하면서 제 노하우가 생긴 거죠. 그런데 사람들은 자꾸만 이 노하우를 달라고 해요. 노하우는 이미 다 나와 있는데, 신뢰하지 못하고, 실천하지 못할 뿐인데 말이죠.

이런 과정을 겪으면서 이걸 나만 가지고 있으면 안 되겠다고 생각해서 이 모임에도 신청하게 된 거죠. 저는 제 가족이 먼저 부자가 되었으면 좋겠어서 제 노후를 준비하면서 부모님의 노후를 함께 계획하고 준비하고 실천하고 있어요. 새로 태어난 조카 명의로 투자를 해줬어요. 자식으로서, 그리고 가족으로서 해줄 수 있는 건 좋은 물건, 비싼 물건을 사주는 게 아니라는 걸 알게 됐습니다. 그리고 저는 나의 경제독립, 우리 가족의 경제독립을 먼저 해드려야겠다는 생각을 했고 꾸준히 실천하고 있습니다.

이제는 정말 부자가 되어야 할 것 같아요. 증명하고 싶어요. 꾸준히 도전하고 실패하면서 결국 성공하고 싶어요 '경제독립'을요! 여기 계신 한 분 한 분이 자산이 늘어나고 성장하면 좋겠습니다. 그리고 이 책을 읽는 독자분들 모두가 경제적 자존감이 높아지고, 경제적 독립을 이뤘으면 좋겠습니다.

존리 그게 5년 후, 10년 후 내 성적표거든요. 어떤 삶을 살았는지, 10년 전에 비해서 경제적으로 더 어렵다면, 그 잘못은 누구에게도 전가할 수 없는 거예요. 대부분의 가난한 사람들은 가난한 이유가 있어요. 탓을 하고 실행을 안 하고 '남 탓, 사회 탓'을 해요. '사회가 기회를 안 줬다'고 하면서요.

정수현 '내가 하나도 없는데 어떻게 시작해'라고 생각해요.

존리 투자 시작하라고 하면, 젊은 사람들 대부분이 지금 돈이 없다고 해요. 대부분 월급이 너무 작대요. 그 돈 있으면 다른 거 한다고 해요. 한 걸음을 디디면 세상이 달라지는데, 그걸 두려워하는 거죠. 일론 머스크가 나와서 하는 얘기를 계속 들어보는 것도 중요하죠. 그런 부자들의 이야기를 듣거나 책을 보는 게 좋죠. 제가 주부투자클럽을 명동에서 했거든요. 다들 헤어지기 싫어서 울더라고요. 그래서 희망을 보는 거예요. 거긴 전국에서 와요. 강남에 금융학교를 세우려고 해요. 금융 문맹 탈출을 원하는 분들을 위해서죠.

정수현 그건 어떻게 지원해요? 나이 제한 있어요?

존리 나이 제한 없어요. 많은 걸 배워요. 확실하게 금융에 대해 이야기할 거예요. 젊은 사람뿐만 아니라 금융이 뭔가, 창업을 해야겠다는 생각이 들 정도로 교육할 거예요. 한국 학교에 '금융학과'가 없어요. 이건 학위는 없지만 누구나 들어와서 전문가가 될 수 있게 약간 수준을 높여서 할 거예요. 신나는 일이죠.

변화를 위한 계획

정수현 머리로는 이해가 되는데, 실행에 옮기는 게 쉽지 않아요. 행동방침을 1, 2, 3을 정해주시면 좋을 것 같아요. 어디부터 투자를 해야 할지 결정하는 게 아직 어려워요. 지금은 미국 주식을 조금씩 하고 있고, ETF 중에서 S&P 500, 나스닥 100, 필라델피아 반도체 쪽에서 괜찮은 수익을 보고 있어요. 그런데 한국 주식은 마이너스 30~40%라서 멈추고 있어요. 한국 경제 상황도 안 좋고, 주식 상황도 안 좋은데, 자산에서 주식

비중을 늘려야 할지… 고민이에요.

존리 편견을 깨는 게 정말 힘들어요. 대부분 단지 수익률을 이야기하잖아요. S&P 샀더니 몇 프로 올랐는데 한국 주식을 샀더니 마이너스다. 상식적으로는 지금 미국 주식 사는 걸 멈춰야지, 한국 주식 사는 걸 멈추면 안 돼요. 한국이 지금 -30% 니까 30% 디스카운트 된 거 아니에요? 그런데 아직도 단기적인 수익률에 대한 집착이 강한 거예요. 앞으로 10~20년 투자할 건데, 수익률은 중요하지 않아요. 내가 주식에 투자하는 게 10% 벌려고 하는 게 아니거든요.

정수현 존리 선생님 만나고 변한 거 있어요. 저는 목표액이 바뀌었어요. 원래는 남미 가고 놀러 가려고 했는데, 존리 선생님이 유튜브를 보라고 하셔서 안 갔어요. (웃음) 목표 액수를 상향 조정했어요.

존리 요즘 유튜브에 훨씬 잘 나와 있어요. 고생할 필요 없어요. (웃음) 최근에 어떤 분이 딸을 낳았어요. 딸 이름을 '주주'로 지었어요. 그리고 산후조리원에 들어가지 않고, 그 돈을 아이 앞으로 주식을 샀대요. 그리고 유모차도 당근마켓에서 5만 원에 샀고, 옷도 다 얻어서 입혔더니, 아이가 벌써 천만 원이 생긴 거예요. 태어난 지 몇 개월이 안 됐지만 천만 원이 생긴 거죠. 그 말을 듣고 '이사람 참, 내가 한 말을 그대로 실천한 사람이구나'라는 생각이 들었어요. 지금은 돌이 지났는데 4천4백만이 됐다고 합니다.

그리고 최근에 제가 〈월스트리트 저널〉에 난 이야기[5]를 봤어요. 할머니가 디즈니 주식을 손녀한테 사줬어요. 지금은 십대, 18살이 되었는데, 돈만 생기면 주식을 사고, 해마다 주주총회를 갔고, 디즈니에서 만든 영화만 본 게 아니라 '내가 이 회사 주인이구나'라고 생각을 가지게 된 거죠. 기자가 신기해서 이 친구를 인터뷰를 했어요. 기자가 꿈이 뭐냐고 물으니까 이 아이가 "내 꿈은 디즈니의 사장이 되는 것"이라고 말했어요. 저는 그게 너무 아름다운 거예요.

제가 진짜 원하는 게 이런 거거든요. 할머니가 아이에게 주식을 사주고, 그걸 통해서 자본주의를 배우고, 꿈도 키우는 선순환이 정말 중요한 것 같아요. 이렇게 생각도 라이프도 바뀌는 것 같아요.

김세환 저는 이 모임 후 새로운 꿈이 생겼어요. 제 자산운용사

5   Meet the 18-Year-Old Who Wants to Be Disney's Next CEO - WSJ
     Meet the Texas teen whose 'career goal' is to become Disney's next
     CEO | Fox Business

를 10년 안에 만드는 꿈이에요. 그걸 10년 안에 해야 되거든요. 저는 분명히 해낼 겁니다. 존리 대표님을 앞에 모시고, 지금 함께 얘기 나누시는 우리 부자학교 모임 멤버들 앞에서 다짐하는 겁니다. 학교 선생님들을 대상으로 투자를 권유할 수 있는 자격증을 가지고 있어요. 투잡으로 연습을 하고 있어요. 그리고 자산관리사 자격증을 준비하면서 공부하고 있어요. 그런 데이터를 모아서 만드는 플랫폼을 만들어보고 싶어요.

어제 어린이날이었는데요. 조카한테 주식을 선물해 줬어요. 부모님에게는 연금계좌 개설하고, 돈을 조금씩 넣어 드리고 있어요. 저는 월급의 80%를 투자하고 있어요. 15%를 저축하고 나머지 5%로 생활하고 있어요. 제가 이걸 하지 않고 관리해주겠다고 하는 건 거짓말 같아서 지금부터 10년 정도 하면 어느 정도 신뢰가 쌓이지 않을까 생각하고 있습니다.

이 내용도《존리의 부자되기 습관》에 나오는 내용이라 실제로 해보고 있습니다. 이번 모임도 책이 나오는 걸로 끝나는 게 아니라, 실제로 부자가 되고 해야 파워가 생긴다고 생각합니다. 또 다른 새로 생긴 버킷리스트는 존리 선생님과 강연을 해보는 것입니다.

존리 앞으로 새로운 사람을 많이 만나려고 해요. 〈존리의 부자학교〉 회사 이름도 정했습니다.

김현주 저는 빈곤과 엄청난 금융문맹에서 탈출하려고 하는 햇병아리가 된 것 같습니다. 남에게 보이는 게 중요하다는 생각들이 많이 사라지고, 돈에 대한 철학 그리고 '아껴야 잘 산다'라는 말들을 누가 해도 잘 못 믿었는데, 이제는 믿게 된 것 같아요. 그리고 110에서 내 나이를 뺀 만큼 주식에 투자해야 한다는 것, 그리고 남이 하던 걸 따라 하기만 했었는데 이제는 스스로 공부하는 것들을 기록하는 게 가장 큰 변화이고 좋았던 점인 것 같아요.

장서우 저는 MZ세대 끝자락에 있다 보니까, 존리 선생님이 '돈은 안 써야 돼'라고 하면 와 닿지 않을 것 같아요. 책을 읽는 사람들에게 실질적으로 와 닿게 만들려면 어떻게 해야 할까? 생각을 해봤는데요. 요즘 애들이 가장 많이 하는 말 중에 하나가 '가치소비'라는 말이거든요. 이 말을 실으면서 내용을 잘 포장해서 풀면 좋을 것 같아요. 쓸데없는 데 소비를 하지 않고 적재적소에 잘 소비하는 게 중요하니까요. '중요한 것에 소비를 하는 것', '돈을 잘 쓰는 것도 능력이다'라는 걸 나누면서 동기부여를 했으면 좋겠어요.

저는 창업가가 되어서 돈을 크게 벌어야지, 생각을 하면서 일만 하던 사람이에요. 그런데 존리 선생님을 만나서 내가 가진 자본으로 투자자가 되어서도 회사 가치를 올리는데

기여를 할 수 있는 사람이구나, 이런 개념이 생겼어요. "오늘 현대엘리베이터가 5% 올랐다네, 빨리 빼", 이런 얘기 정말 많이 들었거든요. 저도 주식이라는 게 단기적으로 돈을 벌 때 쓰는, 도박 같은 느낌을 가지고 있었는데, 이걸 장기적 투자를 했을 때 얼마나 파워풀한 툴이 되는지 새삼 느끼게 되었어요. 그리고 기업에 대한 정확한 눈을 가지고 있어야 좋은 투자자가 될 수 있겠구나, 생각을 하면서 있는 시간 없는 시간 쪼개서 경제 유튜브를 시청하기 시작했어요. 그러면서 기업에 대해 정확하게 보는 눈을 어떻게 길러야 할까, 그리고 세상이 돌아가는 이치를 봐야지 장기적인 투자에 대한 눈을 키울 수 있겠더라고요. 그래서 그런 눈을 키워서 가치소비를 하는 소비자가 되고 점점 좋은 투자가가 되기 위해 노력하도록 하겠습니다. 제가 하는 일도 즐겁게 하는 창업자가 되지 않을까 합니다.

정수현 가치소비라는 말이 좋은 것 같아요.

존리 또 하나는 MZ세대에게 하고 싶은 말이 "부자가 되려면 자기한테 소비하지 말아라. 자신에게 소비하는 건 가장 마지막에 해라" 자기를 불편하게 해야 해요. 자신을 위해 쓰는 건 최소한으로 해라.

정수현 인생이 경험의 연속인데, 너무 절제하고 금욕적인 생활을 하다 보면 경험, 관계 같은 게 문제가 생기지 않을까요?

존리 저는 한 번도 금욕적으로 살라고 한 적이 없어요. 너무 극단적으로 생각해서 그래요. 한국 사람들은 소비에 대해서 인플레이션이 되어 있어요.

정수현 여행도 가지 말고, 차도 사지 말고.

존리 아니, 300만 원 월급 받는 사람이 어딜 여행 가요, 경제 독립이 우선해야 해요.

정수현 30만 원으로 여행 갈 수 있잖아요.

존리 에이, 30만 원으로 못 가죠. 300만 원 받는 사람은 5천만 원 모으기 전까지는 가면 안 되는 거죠. 예를 들어, 5천 원, 만 원 하는 커피를 하루에 한두 잔 사 먹으면 월급의 10%를 쓰는 건데, 커피만 나가나요. 여행, 외식 그래서 평생 빚에서 벗어날 수가 없는 거예요. 지금 소비를 하면 나중에 소비를 못 하고, 지금 소비를 안 하면 나중에 더 큰 소비를 할 수 있어요.

정수현 그럼 빚 없는 사람은 가도 될까요?

존리 가도 돼죠. 웬만하면 안 가는 게 좋지.

정수현 뒤에서 계속 당기는 것 같아요.

존리 제가 한 유튜버를 한 번 만난 적이 있는데, 홍콩에서 정신없이 쇼핑을 하는 거예요. 제가 하지 말라고 했어요. 그랬더니 홍콩에서 쇼핑하는데 계속 제가 뒤에서 '사지 마~' 하는 것 같더래요. 결국 공항에서 선글라스를 하나 샀대요, 못 견디고. 그건 쇼핑 중독이에요. 가난하게 되는 질병을 앓고 있는 거죠. 병에 걸린 사람이 많아요. 나는 '금욕'이라고 얘기한 적이 없어요. (웃음)

정수현 제가 이제 60인데, 여행 가지 말라고 하시니까.

존리 여행 가세요. (웃음)

책을 마치며

1년 전 출판사 관계자분들 그리고 이 책을 내기위해 참여한 분들과 같이한 3개월이 나에게는 너무 소중했습니다. 여러 가지 일로 출판이 늦어졌지만 우리들은 자주 만나서 서로의 안부를 궁금해하는 좋은 관계가 되었습니다.

이분들과 나눈 대화가 책으로 나온다니 너무 설렙니다. 대화 내용 중 미래에 일어날 계획은 이미 실천하고 있는 것이 있습니다. 저의 경우는 강남에 존리의 부자학교를 설립했고 책에서 언급한 대로 서울뿐만 아니라 전국에 금융문맹을 위한 강연을 다시 시작했습니다. 학원을 가는 대신에 금융교육을 해야 한다는 저의 의견에 조금씩 움직이는 부모님을 목격하면서 한국의 미래를 점쳐봅니다.

어린 학생뿐만 아니라 가정주부, 목사님, 탈북하신분들 다양한 분들이 존리의 부자학교의 문을 열고 들어오십니다. 여러 장소에서 저를 알아보시고 노후 준비를 시작했다는 분들, 삶의 희망을 느끼셨다는 분들을 보면 저를 매일 감동을 느낍니다.

한국의 풍요로운 미래를 위해 한가족 한가족 모두 선한 부자가 되시길를 진심으로 기원합니다.

존리

존리의 부자학교

부자를 꿈꾸는 이들과 함께한 존리의 첫번째 금융교육서

초판 1쇄   2024년 8월 1일 발행
초판 2쇄   2024년 11월 15일 발행

지은이 존리, 김세환, 김현주, 장서우, 정수현
펴낸이 김현종
출판본부장 배소라 기획편집 맹준혁 디자인 김기현
마케팅 안형태 김예리 경영지원 박정아 신재철

펴낸곳 ㈜메디치미디어
출판등록 2008년 8월 20일 제300-2008-76호
주소 서울특별시 중구 중림로7길 4, 3층
전화 02-735-3308 팩스 02-735-3309
이메일 medici@medicimedia.co.kr 홈페이지 medicimedia.co.kr
페이스북 medicimedia 인스타그램 medicimedia

ⓒ 존리, 김세환, 김현주, 장서우, 정수현, 2024
ISBN 979-11-5706-362-8(03320)